누군가는 성공을 꿈꾸고, 누군가는 깨어나 움직인다.
당신은 당신 운명의 주인이다.

Some people dream of success, while others wake up and work hard at it.
You are the master of your destiny.

나폴레온 힐

Napoleon Hill

나폴레온 힐

기적은 당신 안에 있다

You Can Work Your Own Miracles
Copyright ⓒ 1971, 1999
by Napoleon Hill Foundation
All rights reserved.
Korean Translation Copyright ⓒ 2025 by Book21 Publishing Group
Korean edition is published by arrangement with Napoleon Hill Foundation
through Imprima Korea Agency.

이 책의 한국어판 저작권은 Imprima Korea Agency를 통해
Napoleon Hill Foundation과의 독점계약으로 (주)북이십일에 있습니다.
저작권법에 의해 한국 내에서 보호를 받는 저작물이므로
무단전재와 무단복제를 금합니다.

You Can Work
Your Own Miracles

나폴레온 힐
기적은
당신 안에 있다

내 안의 무한한 힘을 깨우는 13가지 지혜

나폴레온 힐 지음 | 최지숙 옮김

21세기북스

일러두기

밑줄에 굵은 서체로 표시한 부분은 원문에서 이탤릭체로 강조한 내용이다.

추천의 글

세계 최고 부자가 인정한 진정한 보물, 그 상자가 당신 앞에 있다

만약 당신 눈앞에 한 사람이 평생을 바쳐, 피땀과 눈물로 깨달은 '진정한 부와 성공의 비밀'이 담긴 상자가 놓여 있다면? 당신은 그 상자를 열어볼 용기가 있는가? 그것도 세계 최고의 부자가 "이 상자에 담긴 지혜는 내가 사회에 기부한 10억 달러보다 훨씬 더 값진 최고의 보물일세."라며, 가장 아끼던 사람에게 죽기 직전에 직접 건넨 상자라면 말이다.

앤드루 카네기Andrew Carnegie는 학창 시절에 학교를 그만두고 하루 열 시간이 넘는 고된 노동을 하며 푼돈으로 하루하루를 버텨내야 했다. 그리고 마침내 1900년대 초 세계에서 가장 부유한 철강왕이 되었다. 어렵사리 눈부신 성공과 막대한 부를 이루었건만, 그는 자신의 전 재산보다 소중한 것이 '성공의 비밀'이라 확신했고, 누구나 이 지혜를 삶에 적용하길 바랐다. 나폴레온 힐에게 그 비밀을 밝혀달라고 의뢰한 이유다. 그런데 만약 나폴레온 힐이 한 푼의 수입도 없이 20여 년 동안 숱한 난관과 씨름하다가 중도에 포기했다면, 이 상자는 당신 앞에 올 수 없었을 것이다. 이 역작을 이렇게 책으로 쉽게 만나는 이 시대에 산다는 것은 참으로 축복이 아닐 수 없다.

실패와 고통의 뒷면에는 성공의 씨앗이 숨어 있다

책 속 비밀이 지금 펼쳐지길 기다리며 당신 손안에 있다. 이 책은 가난한 사람도, 실패한 사람도, 좌절한 사람도 변화할 수 있는 진짜 '기적의 안내서'다. 혹시 마음 한구석에서 이렇게 생각하고 있지는 않은가?

'저 뻔한 소리! 그건 나와는 상관없는 얘기야.' '원래 저 사람은 타고난 거잖아.' '지금 내 힘든 상황은 그 어떤 것으로도 바뀌지 않아!'

그렇다면 여기서 잠깐! 나 역시 그랬다. 자존감이 바닥난 채, 원망과 슬픔 속에 허우적거리며 하루하루를 겨우 버티던 시절이 있었다. 지하 단칸방에서 한숨 쉬며 술독에 빠져, 운명은 정해져 있고 어차피 내 인생은 '뛰어봤자 벼룩'이라고 생각했던 나 또한 당신처럼 가능성을 믿지 못하는 사람이었다.

그때는 몰랐다. 실패와 고통의 뒷면에 성공의 씨앗이 숨어 있다는 걸. 극심한 가난과 슬픔이 축복으로 전환될 수 있다는 걸. 이토록 쉽게 바꿀 수 있고, 누구나 가능하다는 걸 정말 몰랐다. 그 비밀의 상자를 연 이후로 나는 상상하지도 못했던 삶을 살고 있다.

어둠의 그림자처럼 존재감 하나 없었던 내가 지금은 미국, 유럽, 싱가포르, 중국, 두바이 등에서 영어로 강의하고, 열세 권의 책을 낸 베스트셀러 작가가 되었다. 근육질의 건강한 몸으로 매년 보디 프로필을 찍고, 세계 마라톤 대회에서 풀코스를 뛰고, 내가 사랑하는 일을 하며 살고 있다. 같은 인생인데 너무도 달라졌다. 그래도 남의 얘기란 생각이 드는가?

마인드파워 전문가로서 17년간 수많은 사람의 극적인 인생 반전을 지켜보며, 이 책에 담긴 마음의 법칙이 특별한 사람만을 위한 것이 아니라, 가난하고 보잘것없는 사람들에게도 똑같이 열려 있다는 것을 확신하게 되었다. 인생의 반전을 이뤄낸 사람들은 입을 모아 이렇게 말했다.

"저도 할 수 있는 거였네요!"

눈물 그렁그렁한 그 눈빛 속에서, 자기 안의 무한한 가능성을 확신하는 순간부터 인생이 폭발적으로 확장되기 시작했다. 그렇기에 나는 감히 말할 수 있다. 이 책을 손에 든 당신이 그 법칙을 실천하기 시작한다면, 당신의 인생에도 분명 기적이 일어날 것이라고!

우리 대부분은 스스로 만든 감옥에 갇혀 평생을 산다. 그러나 그 감옥에서 벗어날 열쇠는 이미 당신 안에 있다. 이 책은 그 열쇠를 어떻게 사용하는지 알려주는 안내서다.

가난한 깡촌 출신의 나폴레온 힐이 어떻게 세계 최초로 성공 법칙을 체계화할 수 있었는지, 귀 없이 태어난 그의 아들이 어떻게 청력을 되찾고 훗날 수많은 사람을 돕는 존재가 되었는지, 다른 책에서는 공개하지 않은 비밀이 이 책에 숨겨져 있다.

이제, 당신 차례다. 이 상자가 지금 당신 앞에 왔다면, 그건 때가 되어 만난 것! 그리고 당신도 할 수 있다는 신호다.

또 하나의 인생 교과서를 만나다

이 책을 펼친 순간, 가슴이 뛰어 내려놓을 수가 없었다. 책 속에 기억하고 메모하고 싶은 문장이 너무 많아 줄을 치지 않은 곳이 없을 정도였다. 마치 새로 발견한 값진 보물 같았다. 이토록 어려운 시대, 변화가 절실한 한국 독자들에게 이 책이 소개되는 것이 나는 너무나도 기쁘다.

세계적인 구루이자 대가인 조셉 머피 Joseph Murphy, 제임스 앨런 James Allen, 밥 프록터 Bob Proctor, 얼 나이팅게일 Earl Nightingale의 대표 추천사를 써온 내가 진심으로 존경하는 또 한 명의 대가, 나폴레온 힐의 책에 이렇게 다시 추천사를 쓰게 되다니 참으로 감사하고 영광스럽다.

나폴레온 힐이 이 책에서 거듭 강조하듯이 인간 정신의 힘은 무한하다. '잠재의식을 깨우고 활용하는 방법'을 매일 실천하며, 당신이 원하는 삶을 향해 용기 있게 첫걸음을 내디딘다면, 힐이 언급한 '당신만의 보이지 않는 여덟 명의 안내자'를 만날 수 있을 것이고, '인생의 열두 가지 위대한 부'를 충만히 받아들여 마침내 당신 안에 잠든 기적의 씨앗을 깨우게 될 것이다.

이 책을 곁에 두고 지혜가 필요할 때마다 수없이 반복하고 되새기면 매일이 깨달음의 연속이자 성장의 여정이 될 것이다. 단 한 번뿐인 인생! 운명의 지배자로서 반짝반짝 빛날 당신의 앞날을 뜨겁게 응원한다.

조성희
(주)마인드파워 대표
나폴레온 힐의 계승자, 밥 프록터 한국 유일 비즈니스 파트너

서문

원하는 삶을 손에 넣는 기적을 향하여

　우리가 겪는 온갖 역경, 힘든 상황, 뼈아픈 실패 그리고 <u>모든 육체적 고통까지도</u> <u>그만한 가치가 있는 보상의 씨앗</u>을 품고 있다. 랄프 왈도 에머슨Ralph Waldo Emerson은 그의 걸작 에세이 「보상Compensation」에서 이 진리를 상세히 설명하며 이를 뒷받침한다. 나 역시 최근 이 진리를 입증하는 경험을 했는데, 덕분에 육체적 고통을 나 자신에게 유익한 건설적인 교훈으로 전환하는 방법을 깨달아 많은 사람에게 도움을 줄 수 있게 되었다.
　캘리포니아주 로스앤젤레스의 한 치과 의사에 앉아 있을 때였다. 임시 틀니를 맞추기 위해 남은 아홉 개의 치아를 뽑을 참이었다. 나는 치과 의사가 내 위아래 턱을 마취하고 마취약 효과가 나타나기를 기다리고 있는 줄 알았다. 의사는 1분 정도 간격으로 내 입에 기구를 넣고 잇몸을 살펴보는 것 같았다. 한참이 지나고 나서 내가 물었다. "선생, 이만하면 이 뽑을 준비는 다 된 거 아니오?"

그러자 의사는 어리둥절한 얼굴로 "무슨 말씀이시죠? 이미 여섯 개나 뽑았는걸요. 보세요, 저기 테이블 위에 있지 않습니까?"라고 대답했다.

고개를 돌려보니 사실이었다. 전혀 모르는 사이에 치아가 여섯 개나 뽑혀 있었다. 그 후 치과 의사와 나눈 대화는 내가 겪은 치과 수술에 대한 보답으로 '그만한 가치가 있는 보상의 씨앗'을 가져다주었다. 이 이야기를 읽고 교훈을 얻을 수많은 사람이 치과에 갈 때 도움을 받을 수 있을 것이다. 바로 그 '씨앗'이 이 책의 기획 의도이자 목적이며, 그 대화에서 얻은 영감으로 책이 탄생했다.

남은 세 개의 이를 뽑고 나서 치과 의사가 감탄하며 물었다. "제가 이를 여섯 개나 뽑는 동안 어디 계셨던 거예요? 세상에, 30년이나 치과 진료를 했는데, 환자가 의자에 앉아서 이를 뽑는 줄도 몰랐던 적은 처음입니다. 어떻게 그러실 수 있었죠?"

"별로 어려운 일은 아니라오. 선생이 발치를 시작하기 전에 미리 마음의 준비를 했지요. 그 준비 과정에서 나는 이 상황에서 완전히 벗어나, 수술과는 전혀 상관없는 즐거운 생각에 몰두했던 거요."

치과 의사는 놀라워했다. "놀랍군요! 혹시 다른 사람들에게도 치과 치료를 받을 때 마음 다스리는 법을 가르칠 수 있을까요? 그러니까 치과 공포증을 없앨 방법을 말입니다. 그걸 책으로 내보시지요. 전국의 치과 의사들이 총출동해서 1년 안에 100만 부는 거뜬히 팔아줄 겁니다."

그날 치과를 나서기 전, 나는 이 책의 전체적인 틀과 내용을 구상했다. 치과에 대한 두려움을 어떻게 놀라운 경험으로 전환했는지 개요를 정리했다. 이를 통해 수많은 사람에게 육체적 고통을 다스리는 공식을 전할 수 있으리라 생각했다.

이 공식의 흥미로운 점은, 내가 그동안 수많은 사람이 물질적 풍요를 이룰 수 있도록 그들의 마음가짐을 바꾸는 데 사용했던 바로 그 방법에 기반을 두고 있다는 것이다. 이 공식이 만들어지기까지 50년이 넘는 시간이 걸렸다. 모든 것은 앤드루 카네기가 나에게 세계 최초로 개인의 성공에 관한 실용 철학을 체계화해보라고 제안하면서 시작되었다. 그 후 미국에서 최고로 성공한 사람들 500여 명과 손잡고 이 철학을 정교하게 다듬었는데, 그들의 생생한 경험이 철학을 완성하는 데 중요한 역할을 했다.

이 공식을 전달하기에 앞서, 먼저 독자가 제대로 받아들일 수 있도록 마음을 준비시키는 과정이 필요하다. 고급 수학을 배우려면 기초 수학부터 익혀야 하는 것처럼, 성공에 필요한 마음가짐도 단계별로 배워나가야 한다. 앞으로 다룰 핵심 주제들을 차례차례 살피는 동안 그 지혜를 얻을 수 있을 것이다.

이 책에서 내가 말하는 바를 끈기를 갖고 진지하게 읽다 보면, 자신도 몰랐던 내면의 풍요로운 세계를 발견할 수 있을 것이다. 그리고 나는 치과 수술조차 전혀 고통스럽지 않은 경이로운 순간으로 바꿔낸 그 비밀을, 누구나 이해할 수 있는 쉬운 말로 들려줄 생각이다.

하지만 이것은 시작에 불과하다!

이 책에서 소개할 마음 다스리기 방법은 육체적 고통, 슬픔, 두려움, 절망 등 우리를 짓누르는 삶의 여러 상황을 이겨내는 데 큰 도움이 될 것이다. 그뿐만 아니라 당신이 살아가며 진정으로 바라는 것, 즉 마음의 평화, 온전한 자기 이해, 경제적 여유, 원만한 대인 관계 등을 실현하는 데도 유용하게 쓰일 거라 믿는다.

이 책에서는 전작에서 깊이 다루지 않았던 여러 주제를 아주 솔직하게 풀어냈다. 이러한 주제는 특히 치과 의사 및 일반 의사의 환자들에게 꼭 필요한 정보이기에, 의료진의 든든한 지지와 후원을 받아 소개하고 싶었다.

이전에 쓴 책들에서 나는 직업이나 사업을 통해 수익을 창출하는 방법에 대해 주로 다뤘다. 다행히도 그 책들은 수많은 사람이 경제적으로 풍요로워지는 데 도움을 주었다는 평가를 받았다. 하지만 여기서는 한 걸음 더 나아가, 독자들이 스스로 원하는 '삶'을 이뤄내는 법을 알려주려 한다. 이를 위해 자기단련법을 제시했는데, 이 방법의 놀라운 장점은 이 책을 읽는 모든 사람이 그 효과를 직접 입증할 수 있다는 것이다.

마지막으로, 아직 해결하지 못한 개인적인 고민과 극복해야 할 불편한 상황으로 힘겨워하는 독자들을 위해 이 책을 썼다. 이 책이 실의에 빠진 모든 사람에게 커다란 도움이 되기를, 또한 환자들에게 이 책을 선한 마음으로 건네는 의사들의 진심에도 보답하는 선물이 되기를 진심으로 바란다.

처음에는 단순히 치과 치료나 수술을 앞둔 사람들이 마음을 다스리는 데 도움이 되는 책을 쓰려고 했다. 하지만 책의 윤곽을 잡아가면서 나는 처음보다 더 큰 목표를 떠올리기 시작했다. 40년 넘게 성공과 실패, 행복과 불행의 원인을 연구하며 깨달은 모든 것을 독자들에게 전하고 싶었다. 이는 내가 성공 과학을 정립하면서 얻은 소중한 지혜이며, 이 지혜는 여러 제목으로 출간되어 전 세계 대부분의 지역에서 독자들의 마음을 사로잡고 있다.

이어지는 장들에서 나는 우리 삶에서 일어나는 놀라운 기적을 소개할 것이다. 이를 통해 당신은 '열두 가지 위대한 부'가 무엇인지 깨닫고 그것을 당신의 것으로 만들 수 있을 것이다. 또한 두려움, 가난, 슬픔, 실패, 육체적 고통마저도 우리 삶을 이끄는 강력한 원동력으로 탈바꿈시킬 방법도 알려주려 한다.

이제부터 이어질 내용을 열린 마음으로 읽어주길 바란다. 그러면 가장 위대한 기적이 당신 앞에 펼쳐질 것이다. 하지만 그 기적에 대해서는 내가 따로 설명할 것이 없다. 그것은 오직 당신만이 알 수 있고, **온전히 당신의 손안**에 있기 때문이다! 이 기적은 당신을 자유롭게 하고 '열두 가지 위대한 부'를 모두 누리도록 도와줄 암호를 품고 있다. 이를 통해 마음의 평화를 얻을 수 있을 뿐 아니라, 꿈꾸는 모든 상황과 물질적 풍요로움이 조화를 이루는 완벽한 삶을 살 수 있다.

이 책에서 나는 삶의 여러 기적을 설명하면서 암호의 절반만을 알려줄 뿐이다. 나머지 절반은 당신이 이미 가지고 있으며, 변화를 위해서는 내가 제공한 절반과 합쳐 하나로 만들어야 한다. 이 책을 충실히 읽어나간다면 당신이 가진 그 절반이 무엇인지 어렵지 않게 깨달을 수 있을 것이다. 그리고 그 절반을 찾아내 받아들이고 당신만의 온전한 삶을 이끌어가기 시작할 때, 이 책이 단순히 치과 치료나 수술에 대한 두려움을 없애는 방법 이상의 중요한 무엇인가를 말해주고 있다는 사실을 깨닫게 될 것이다.

잊지 말자. 작은 것들을 완벽히 통제하는 순간, 그보다 수십 배 더 큰 것들까지도 당신의 뜻대로 움직이게 될 것이다.

나폴레온 힐

차례

| 추천의글 | 세계 최고의 부자가 인정한 진정한 보물, 그 상자가 당신 앞에 있다 … 5 |
| 서문 | 원하는 삶을 손에 넣는 기적을 향하여 … 10 |

- 1장 누구나 기적을 창조할 수 있다 … 19
- 2장 한계에서 벗어나 삶의 기적을 만나다 … 39
- 3장 **기적 1** · 성장은 변화를 통해 찾아온다 … 53
- 4장 **기적 2** · 보이지 않는 안내자가 우리를 이끈다 … 71
- 5장 **기적 3** · 헛되고 의미 없는 고통은 없다 … 93
- 6장 **기적 4** · 고난에 맞서 싸우면 힘이 솟는다 … 115
- 7장 **기적 5** · 가난은 풍요로운 삶으로 가는 디딤돌이다 … 127
- 8장 **기적 6** · 실패의 뒷면에 성공의 축복이 숨어 있다 … 151
- 9장 **기적 7** · 슬픔이 영혼으로 향하는 문을 열어준다 … 169
- 10장 **기적 8** · 오직 인간만이 운명을 스스로 결정할 수 있다 … 185
- 11장 **기적 9** · 자연에는 불균형과 부조리가 없다 … 195
- 12장 **기적 10** · 시간은 멈추지 않고 오직 앞으로만 흐른다 … 203
- 13장 **기적 11** · 자유와 기회라는 크나큰 유산 … 213
- 14장 **기적 12** · 죽음이 있기에 오히려 생이 빛난다 … 219
- 15장 **기적 13** · 인간 정신의 힘은 무한하다 … 227

1장

누구나 기적을
창조할 수 있다

 곧 아버지가 될 한 남자가 병원 수술실 앞 복도를 서성이며 아기가 아들인지 딸인지 소식을 기다리고 있었다.

 수술실 문이 열리고 간호사 두 명이 나오더니 기다리고 있던 남자 쪽은 쳐다보지도 않고 지나갔다. 그때 의사가 문 앞에 나타나 잠시 머뭇거리다가 초조해하는 남자에게 들어오라고 손짓했다.

 의사는 "들어가시기 전에 마음의 준비를 하셔야 합니다."라고 말문을 열었다. "아기는 아들입니다만 귀가 없이 태어났습니다. 귀의 흔적조차 찾아볼 수 없으니, 물론 평생 청각 장애를 겪을 겁니다."

 그 말을 들은 남자가 소리쳤다. "내 아들이 귀 없이 태어났을지는 몰라도, 그것 때문에 평생 듣지 못하는 채로 살지는 않을 겁니다!"

 "흥분하지 마시죠." 의사가 대답했다. "현실을 있는 그대로 받아들일 준비를 하셔야 합니다. 원하는 대로가 아니라 실제 상황을 말입니다. 아드님 같은 사례가 의학계에 보고된 적은 있지만, 이런 상태로 태어난 아이 중에 듣는 법은 터득한 경우는 단 한 건도 없었습니다."

"선생님, 의사로서 선생님의 능력은 진심으로 존중합니다. 하지만 어떻게 보면 저도 의사입니다. 어떤 상황에서든 인간의 한계를 뛰어넘게 해주는 강력한 치료법을 발견한 사람이기 때문이죠. 이 치료법을 쓰려면 가장 먼저 뭘 해야 하는지 아십니까? 원치 않는 상황을 불가피한 숙명으로 받아들이지 않아야 합니다. 지금 이 자리에서 선생님께 분명히 말씀드리는데, 저는 제 아들의 장애를 결코 고칠 수 없는 숙명으로 받아들이지 않을 겁니다."

의사는 아무 대답도 하지 않았지만, 그의 놀란 표정은 분명 이렇게 말하고 있었다. "불쌍한 양반, 안타깝군요. 하지만 인생에는 어쩔 수 없이 받아들여야 하는 상황이 있다는 걸 머지않아 알게 될 겁니다." 의사는 남자를 데리고 산모와 아기가 기다리고 있는 방으로 들어갔다. 그는 아기를 덮고 있던 이불을 젖혀서 남자가 현실을 직시하도록 했다. 의사는 이것이야말로 '살면서 어쩔 수 없이 받아들여야 하는 상황' 중 하나라고 믿으며 말없이 서 있었다.

세월은 빠르게 흘렀다. 25년 후, 또 다른 의사가 엑스레이 사진을 들고 미소를 지으며 연구실에서 나왔다. 그는 "정말 기적입니다."라고 말하며 감탄했다. "이 젊은이의 머리를 모든 각도에서 엑스레이로 촬

영했지만, 어떤 형태의 청각 기관도 보이지 않았어요. 그런데도 검사 결과 이 젊은이는 정상 청력의 65%를 가지고 있습니다."

그 의사는 뉴욕시에서 이름난 귀 전문의였다. 그의 손에는 한 젊은 남자의 머리를 찍은 엑스레이 사진이 들려 있었다. 아들의 장애에 체념하지 않고 자연의 치유력이 발현될 수 있는 여건을 만들기 위해 온 힘을 기울인 아버지의 노력이 없었다면 평생 듣지도 못하고 살았을 젊은이의 머리를 찍은 엑스레이 사진 말이다.

나는 이 이야기가 진실임을 보증할 수 있다. 내가 바로 귀 없이 태어난 아들의 불행을 숙명으로 받아들이기를 거부한 그 아버지이기 때문이다.

거의 9년 동안, 나는 아들의 청력 회복에 힘을 쏟으며 대부분 시간을 보냈고, 결국 아들은 정상 청력의 65%를 되찾을 수 있었다. 그 정도만으로도 아들은 초등학교, 고등학교, 대학교를 최고로 우수한 학생들과 어깨를 나란히 하며 다닐 수 있었다. 또한 대부분의 청각 장애인이 겪는 불편함이나 당혹감을 느끼지 않고 정상적으로 생활할 수 있었다.

대체 이 '기적'은 어떻게 일어날 수 있었을까? 누가, 또는 무엇이 이를 가능케 했을까? 그리고 귀 없이 태어난 아이의 머릿속에서 대체 어떤 일이 일어났기에 만족스러울 만큼 청력이 발달할 수 있었을까?

똑같은 질문을 귀 전문가에게 했을 때 그의 대답은 이러했다. "아버지가 아이의 잠재의식에 심어준 심리적 암시가 큰 영향을 미쳤다고밖에 달리 설명할 방법이 없습니다. 그 영향으로 뇌와 머리뼈 내벽을 연결하는 일종의 신경계가 임시로 형성되었고요. 그 결과 아이는 현재 뼈 전도라고 알려진 방식으로 소리를 들을 수 있게 된 겁니다."

당신이 이 책을 다 읽을 때쯤이면, 한 아이가 청각 장애인으로 살아가지 않을 수 있도록 해준 '기적'의 정확한 본질을 깨닫게 되기를 바란다. 그것이 내가 이 책을 쓴 주된 목적이기 때문이다.

나는 비교적 젊은 나이에 '기적'을 처음 발견한 이후로 줄곧 그것의 도움을 받아왔다. 이 기적의 힘으로 나는 두려움, 미신, 무지, 가난이라는 인간의 네 가지 적을 극복할 수 있었다. 많은 사람이 이 네 가지 적에 맞서 싸우지 않고 굴복하는 이유는 '기적'을 통해 **원치 않는** 상황을 거부할 수 있다는 것을 모르기 때문이다.

'기적'이란 아무리 설명해도 그 본질을 온전히 전달하기 어렵다. 받아들일 준비가 된 사람만이 깨달을 수 있다. 따라서 당신이 기적의 진정한 의미를 받아들이려면 이 책의 모든 장을 읽고 곱씹어야 한다.

이번 장에도 몇 가지 명확한 단서가 제시되어 있다. 하지만 살면서 마주치는 원치 않는 상황을 성공적으로 물리칠 수 있는 최고의 비밀을 밝히기에는 충분하지 않을 수 있다.

이 비밀은 진지하게 탐구해볼 만한 가치가 있다. 이 비밀을 깨닫는 사람은 치과 치료나 수술 같은 육체적 고통에 대한 두려움을 극복할 수 있을 뿐만 아니라, 삶의 모든 축복으로 향하는 문을 여는 마스터키도 얻을 수 있기 때문이다.

이 책을 읽는 마음가짐에 따라, 책의 어느 부분에서 그 비밀이 당신에게 모습을 드러낼지 결정될 것이다. 그렇기에 **긍정적 마음가짐**이 지닌 놀라운 잠재력에 관심을 기울여야 한다. 마음가짐을 잘 다스릴 수 있다면, 삶에 영향을 미치는 거의 모든 상황을 통제할 수 있으며, 어떤 종류의 두려움과 걱정이라도 조절할 수 있게 된다.

마음가짐이 모든 것을 좌우한다

우리 삶에서 마음가짐이 어떤 역할을 하는지 자세히 들여다보면 그 중요성을 깨달을 수 있다.

주변 사람들이 당신을 어떻게 대하는지 생각해보자. 친밀하게 다가오는가, 아니면 일정 거리를 두고 대하는가? 이를 결정하는 가장 강력한 요인이 바로 당신의 마음가짐이다. 모든 것은 당신의 마음가짐이 긍정적인지, 또는 부정적인지에 달려 있으며, 그 방향을 정할 수 있는 사람은 오직 당신뿐이다.

마음가짐은 건강한 육체를 유지하는 데도 중요한 역할을 한다. 모든 의사는 알고 있다. 그리고 의사 대부분이 인정할 것이다. 환자의 마음가짐이 육체의 질병을 치료하는 데 있어 다른 어떤 요소보다 중요하다는 것을 말이다.

기도의 결실은 무엇이 좌우할까? 여러 요소가 있겠지만, 아마도 <u>가장 결정적인 것</u>은 바로 마음가짐일 것이다. 오래전부터 알려져왔듯이, 두려움과 의심, 불안에 휩싸인 마음가짐으로 기도에 임하면 부정적 결과만 경험하게 된다. 반드시 실현될 거라는 확고한 **믿음**이 뒷받침된 기도만이 긍정적 결과를 가져올 수 있다.

운전할 때의 마음가짐 역시 매우 중요하다. 안전 운전자가 될지, 아니면 자신과 다른 사람의 목숨을 위협하는 위험한 운전자가 될지는 마음가짐에 달려 있다. 대부분의 치명적인 교통사고는 운전자가 술에 취했거나, 분노로 가득 차 있거나, 불안과 걱정에 사로잡혀 있을 때 발생한다.

또한 마음의 평화를 얻을지, 아니면 좌절과 불행 속에서 살아갈지도 대부분 마음가짐에 따라 달라진다.

마음가짐은 고객 설득에 있어서도 기본 요소다. 상품이나 서비스, 무엇을 팔든 마찬가지다. 마음가짐이 부정적인 사람은 아무것도 팔 수 없다. 누군가 그에게서 물건을 살 수는 있겠지만, 그것은 진정한 의미의 **판매**가 아니다. 구매자의 일방적인 **구매**일 뿐이다. 많은 상점에서 이런 장면을 목격한 적 있지 않은가? 진열대 너머 직원의 눈빛에서 고객을 향한 진심은 찾아볼 수 없고, 그저 기계적으로 응대하기만 하는 모습. 그래서는 진정한 판매를 할 수 없고, 이것이야말로 부정적 마음가짐이 얼마나 치명적인지를 보여주는 생생한 증거다.

우리가 살면서 차지하는 자리, 이루는 성공, 맺게 되는 인연 그리고 후세에 남기는 유산까지, 이 모든 것은 마음가짐에 좌우된다. 마음가짐이 곧 '전부'라고 해도 과언이 아니다.

마음가짐은 수술이나 치과 치료를 받을 때 육체적 고통에 대한 두려움까지 극복하게 해주는 수단이다. 이를 실현하는 구체적인 방법은 이어지는 장들에서 자세히 설명할 예정이다.

이 세상을 살아가는 동안의 마음가짐이 죽음 너머의 세계에까지 영향을 미친다고 믿는 사람들이 있다. 이를 명확히 증명할 순 없으나, 곰곰이 생각해보면 실로 타당한 주장이다.

마지막으로, 마음가짐의 중요성을 가장 확실하게 보여주는 증거가 있다. 바로 이 세상에서 오직 마음가짐만이 우리가 온전히 통제할 수 있는 **유일한 것**이라는 사실이다. 마음가짐은 누구도 넘볼 수 없는 우리만의 특권인 것이다. 우리는 다른 사람의 생각이나 행동을 통제할 수 없다. 태어나는 순간도, 죽음의 순간도 선택할 수 없다. 하지만 우리에게는 절대적인 특권이 있다. 생각할 수 있게 된 순간부터 생을 마감하는 순간까지, 우리에게는 마음에서 피어나는 모든 생각을 온전히 다스릴 수 있는 강력한 힘이 있다.

지금 우리는 한 사람의 인생을 뒤바꿀 수 있는 가장 위대하고 중대한 진실을 마주하고 있다! 창조주께서 모든 사람에게 자기 생각을 완전히 통제할 수 있는 능력을 주셨다는 것은 마음가짐이 무엇보다 값진 선물임을 의미한다. 우리의 마음이야말로 자신만의 삶을 설계하고, 원하는 대로 살아갈 수 있게 하는 유일한 수단이기 때문이다.

"나는 내 운명의 주인이요, 내 영혼의 선장이로다."라는 시구를 남긴 시인 윌리엄 어니스트 헨리William Ernest Henley는 이 위대한 진리를 깨달았음이 분명하다. 그렇다! 마음을 완벽히 지배하고 흔들림 없는 마음가짐으로 목표를 향해 나아갈 때, 비로소 우리는 운명의 진정한 선장이 될 수 있다.

긍정적 마음가짐과 부정적 마음가짐

일상생활에서는 긍정적 마음가짐만이 도움이 된다. 그러니 긍정적 마음가짐이 무엇인지, 삶에서 원하는 것과 원하는 상황을 얻기 위해 그것을 어떻게 활용할 수 있는지 살펴보자.

긍정적 마음가짐은 다양한 면모를 지니고 있으며, 우리 삶의 모든 순간마다 각기 다른 모습으로 빛을 발하며 그 영향력을 드러낸다.

무엇보다도, 긍정적 마음가짐이란 달콤하든 쓰라리든 모든 경험에서 어떤 형태로든 이득을 얻어내겠다는 확고한 목적의식을 말한다. 그리고 그런 자세를 통해 마음의 평화로 이어지는 균형 잡힌 삶을 만들어내겠다는 흔들림 없는 다짐이다.

실패와 좌절, 역경이 찾아올 때마다 그 속에 감춰진 '그만한 가치가 있는 보상의 씨앗'을 발견하고, 그것을 값진 결실로 피워내는 힘. 이것이 긍정적 마음가짐의 본질이다. 맞닥뜨리는 모든 불운 속에서 교훈을, 또 그 안에 숨겨진 보물 같은 씨앗을 찾아내 이를 축복으로 바꿔내는 것. 오직 긍정적 마음가짐만이 이를 가능케 한다.

긍정적 마음가짐은 자신이 원하는 상황과 일에 마음을 집중하고, 원치 않는 것들은 과감히 **밀어내는** 습관이다. 하지만 사람들은 대부분 두려움과 불안, 걱정에 사로잡힌 채 살아간다. 그리고 묘하게도 이런 부정적인 생각은 결국 어떤 식으로든 현실이 되어 찾아온다. 아이러니하게도 이들은 자신의 부정적 마음가짐이 초래한 불행을 다른 사람 탓으로 돌리며 살아간다.

마음은 생각을 그에 걸맞은 현실로 구현하는 확실한 능력이 있다. 가난을 생각하면 가난 속에서 살게 되고, 풍요를 생각하면 풍요를 끌어당기게 된다. **이런 끌어당김의 법칙은 언제 어디서나 적용된다. 우리가 품은 생각은 반드시 그에 걸맞은 현실이 되어 모습을 드러낸다.**

긍정적 마음가짐이란 우리 앞에 놓인 불편한 상황을 단순한 시련으로 보지 않고, 한계를 뛰어넘을 기회로 여기는 습관을 말한다. 그 속에 숨겨진 '그만한 가치가 있는 보상의 씨앗'을 찾아내 키워내는 것이야말로 긍정적 마음가짐의 진정한 의미다.

긍정적 마음가짐은 모든 문제를 냉철하게 평가해서, 자신이 해결할 수 있는 문제와 해결할 수 없는 문제로 가려내는 습관을 말한다. 긍정적 마음가짐을 가진 사람은 자신의 힘이 닿는 문제는 반드시 해결하고, 자신의 능력을 넘어서는 문제에 부딪치더라도 긍정의 기운을 잃지 않도록 초연하게 받아들인다.

긍정적 마음가짐을 지닌 사람은 다른 사람의 결점이나 약점을 너그럽게 이해하고, 그들의 부정적 사고방식에 당황하거나 영향을 받지 않는다.

긍정적 마음가짐은 명확한 목표를 향해 움직이는 것이다. 그 목표가 옳다는 굳건한 믿음 그리고 그것을 이룰 수 있다는 확신을 품고 행동하는 것이다.

긍정적 마음가짐을 지니면 주어진 책임을 넘어서서 행동하게 된다. 즉 해야 하는 것 이상을 해내고, 기대 이상의 가치를 만들어내며, 그 모든 것을 기쁜 마음으로 해낸다.

긍정적 마음가짐은 명확한 목표를 정한 다음 칭찬이나 비난에 흔들리지 않고 그 목표를 향해 꾸준히 나아가는 자세에서 비롯된다.

다른 사람의 장점을 찾고 그것을 반드시 발견하리라고 기대하는 것, 이것이 긍정적 마음가짐이다. 동시에 다른 사람의 단점을 마주하더라도 평정심을 잃지 않는 태도이기도 하다.

모든 감정을 이성적으로 판단하고 굳은 의지로 다스리는 것 또한 긍정적 마음가짐에 해당한다.

즐거운 일이든 불쾌한 일이든, 우리 삶에 영향을 미치는 모든 현실을 그대로 마주하고, 예상치 못한 불행 앞에서도 침착함을 잃지 않는 것, 이것이 바로 긍정적 마음가짐이다.

긍정적 마음가짐은 모든 곳에 존재하는 무한한 지혜의 힘을 인정하고 굳건한 '신념'으로 그 힘을 자신의 목표 달성에 끌어다 쓸 수 있음을 깨닫는 것이다.

긍정적 마음가짐은 알코올 중독자 모임이 알코올 중독에 빠진 수많은 사람의 치유를 도왔던 중요한 수단이며, 과도한 흡연 습관을 고치는 데에도 핵심적인 역할을 한다.

긍정적 마음가짐이야말로 '마음 다스리기$_{\text{mind-conditioning}}$'의 핵심이다. 이는 온갖 두려움을 떨쳐내는 것을 포함해, 어떠한 목적으로든 활용될 수 있다.

좋은 습관이든 나쁜 습관이든, 의식적인 습관뿐만 아니라 무의식적인 습관까지도, 모든 습관은 마음가짐이 만들어낸다. 그렇기에 긍정적 마음가짐이 있다면 좋지 못한 습관이나 상황도 어떤 형태로든 유익한 것으로 바꿔낼 수 있다.

긍정적 마음가짐은 누구의 도움이나 방해 없이 자신의 마음을 온전히 통제하는 타고난 권리를 행사할 수 있게 해주는 유일한 도구이다. 또한, 장애물을 성장의 디딤돌로 바꾸어 어떤 분야에서든 발전을 이루게 하는 원동력이다.

마음가짐은 말이나 신호, 행동 없이도 텔레파시처럼 사람들 사이에 전달된다. 그렇기에 마음가짐은 주변 사람들에게 자연스럽게 퍼져나가며 영향을 미친다.

뭔가를 먹을 때의 마음가짐은 소화를 돕거나 방해할 수 있는데, 부정적 마음가짐은 소화 기능을 완전히 마비시킬 수도 있다.

연설자의 마음가짐은 그가 사용하는 말보다도 더 크게 연설의 의미를 좌우하곤 한다. 마찬가지로, 작가가 글을 쓸 때의 마음가짐은 행간을 통해 독자에게 전달된다.

적절한 마음가짐을 갖추고 이를 잘 다스리면, 사랑하는 사람의 죽음과 같은 극단적인 상황까지도 포함해서 어떠한 불편한 상황을 맞닥뜨리더라도 동요하지 않고 마음의 평정을 유지할 수 있다.

마음가짐은 인생의 길목에 놓인 양방향 문과 같다. 한쪽으로 밀면 성공으로 이어지고, 반대쪽으로 밀면 실패로 이어진다. 안타깝게도 수많은 사람이 성공이 기다리는 문은 외면한 채, 실패의 문으로 발걸음을 옮긴다.

육체적 질병을 치료하는 데 있어서 환자의 마음가짐은 모든 것을 결정한다. 긍정적 마음가짐은 의사의 든든한 지원군이고, 부정적 마음가짐은 치료의 가장 큰 걸림돌이다.

이러한 사실을 통해 우리는 왜 '마음가짐이 모든 것을 결정한다'라고 하는지 쉽게 이해할 수 있다. 마음가짐에 따라 우리가 겪는 모든 경험이 달리 해석될 수 있다는 것도 놀랍지만, 더욱 놀라운 것은 이 <u>마음가짐을 우리가 언제나 완벽히 통제할 수 있다</u>는 점이다.

성공을 거머쥐느냐, 실패를 맞이하느냐. 그리고 마음의 평온을 누리느냐, 고통 속에 살 것이냐. 이 모든 것은 다름 아닌 우리 자신의 마음을 온전히 소유하고 원하는 방향으로 이끌 수 있는 특권이 결정한다. 마음가짐을 조절해 삶을 원하는 방향으로 창조해나갈 힘이 우리에게 있다니, 이 얼마나 심오한 통찰인가!

마음가짐을 다스리는 방법

마음가짐을 다스리는 첫걸음은 동기와 열망에서 시작된다. 누구도 동기 없이 행동하지 않으며, 동기가 강할수록 마음가짐을 통제하기 쉬워진다.

마음가짐은 다음과 같은 여러 요인에 의해 영향을 받고 조절될 수 있다.

- **강렬한 열망**: 모든 인간 행동의 원동력이 되는 아홉 가지 기본 동기 중 하나 이상을 바탕으로 하며, 명확한 목표를 달성하고자 하는 바람이다. ('아홉 가지 기본 동기' 목록은 7장 참조)

- **여덟 명의 안내자**: 보이지 않는 이 안내자들은 깨어 있을 때뿐만 아니라 잠들어 있을 때도 마음을 긍정적 목표에 지속해서 몰입하게 해준다. 이 방법 혹은 이와 유사한 기법의 도움을 받으면 명확한 긍정적 목표를 자동으로 선택하고 실행하도록 마음을 조절할 수 있다. ('여덟 명의 안내자'의 본질에 대한 설명은 4장 참조)

- **긍정적인 교류**: 긍정적 목표에 적극적으로 참여하도록 영감을 주는 사람과는 긴밀하게 교류하고 부정적인 생각을 하는 사람에게는 영향을 받지 않도록 한다.

- **자기암시**: 마음에 끊임없이 긍정적 지시를 심어, 결국 그 지시가 요구하는 것만을 끌어당기게 한다.

- **깊은 깨달음**: 자신의 마음을 통제하고 원하는 방향으로 이끌어나갈 수 있는 고유한 특권을 받아들이고 활용함으로써 얻을 수 있다.

- **기계의 도움**: 이 장치는 잠을 자는 동안에도 잠재의식에 구체적인 지시를 전달한다. (이에 대한 간략한 설명은 4장 참조)

미국의 이상적인 생활 방식, 타의 추종을 불허하는 자유시장 시스템 그리고 우리가 그토록 자랑스러워하는 개인의 자유는 찬란한 성과가 아닐 수 없다. 그리고 이는 결국 사람들이 자신의 마음가짐을 특정한 필요에 맞게 조직하고 조율한 결과일 뿐이다.

이러한 삶의 방식에서 단연 두드러지는 요소가 있는데, 그것은 바로 개인의 마음가짐을 자유롭게 지켜나갈 수 있도록 마련해놓은 법률과 정부 제도이다.

이처럼 자신의 마음가짐을 통제할 자유가 있었기에, 독립적이고 주체적인 삶의 방식과 자유시장 시스템을 이끌었던 위대한 리더들이 탄생할 수 있었다. **여기서 주목할 점은 오직 긍정적 마음가짐으로 행동한 사람만이 진정한 리더가 되었다는 사실이다.**

토머스 에디슨Thomas A. Edison을 떠올려보자. 그는 긍정적인 마음가짐 덕분에 만 번이 넘는 실패에도 굴하지 않을 수 있었다. 그리고 마침내 그는 백열전구를 발명해냈고, 이는 찬란한 전기 시대의 문을 열어 우리에게 엄청난 부와 번영을 안겨주었다.

헨리 포드Henry Ford의 긍정적 마음가짐은 그가 첫 자동차를 만들던 힘겨운 시절을 버텨내게 했다. 더불어 이는 그의 가장 큰 자산이자 가장 중요한 무기가 되어 거대한 산업 제국을 세우는 데 결정적인 역할을 했다. 덕분에 그는 크로이소스(기원전 6세기경 리디아 왕국의 마지막 왕으로, 그의 이름은 오랫동안 '엄청난 부'의 대명사로 사용되었다.—옮긴이)보다 더 큰 부자가 되었고, 직간접적으로 1,000만 명이 넘는 사람들에게 일자리를 제공할 수 있었다.

앤드루 카네기는 긍정적 마음가짐 하나로 가난과 어둠의 나락에서 일어섰다. 이 마음가짐은 그가 가진 최고의 자산이 되어 위대한 철강 시대를 열었고, 오늘날 우리 경제 체제에서 가장 중요한 연결고리 역할을 하는 산업을 일구어냈다.

마하트마 간디Mahatma Gandhi의 긍정적 마음가짐(그는 이를 소극적 저항이라고 불렀다)은 수 세대에 걸쳐 인도를 지배한 강력한 영국군의 힘을 뛰어넘는 무기가 되었다. 2억 명이 넘는 동포가 하나로 뭉쳐 그의 '소극적 저항'에 엄청난 힘을 실어주었고, 결국 단 한 명의 군인도, 단 한 발의 총알도 없이 영국의 지배에서 벗어날 수 있었다. 이 모든 것이 바로 간디의 긍정적 마음가짐이 이뤄낸 기적이었다.

샌프란시스코에 금문교라는 웅장한 현수교를 건설한 건축가의 긍정적 마음가짐 덕분에 우리는 단일 경간single-span으로는 세계에서 가장 긴 다리를 갖게 되었다. 첫 번째 시도에서 공학적으로 불가능하다고 판명되었음에도 이루어낸 일이었다.

삶의 어떤 위치에서든, 어떤 직업이나 일에서든 성공을 이루고 리더십을 발휘하는 사람들의 공통점은 바로 긍정적 마음가짐이라는 근본적인 토대를 가지고 있다는 점이다.

긍정적 마음가짐이란 희망과 소망 그리고 믿음이 하나로 모여 '신념'으로 승화된 것이다! 더불어 신념은 우주의 무한한 지혜로 들어가는 문을 열어주는 열쇠다. 이 열쇠는 **오직 긍정적 마음가짐을 지키는**

사람만이 손에 쥘 수 있다.

긍정적 마음가짐이 지닌 가장 놀라운 특별함은 무엇일까? 그것은 바로 **돈도, 어떤 대가도 필요 없다**는 점이다. 누구나, 언제든, 어떤 상황에서든 이 강력한 도구를 자신의 것으로 만들어 활용할 수 있다.

이 심오한 진리의 힘은 당신의 마음을 풍요롭게 하고 앞으로의 인생에서 마주할 그 어떤 시련도 이겨낼 수 있도록 해주는 비밀이다. 그리고 그 놀라운 비밀이 이 책에서 하나하나 펼쳐질 것이다.

열린 마음으로 이 책을 읽길 바란다. 그리하면 당신은 삶의 균형, 두려움으로부터의 자유 그리고 영원히 계속될 마음의 평화라는 선물을 얻게 될 것이다. 이어지는 장에서 이 시대의 위대한 인물들을 만나게 될 것이다. 그들의 이름을 발견할 때마다, 그 이름이 적힌 페이지에 표시를 해두고 그들의 가르침을 마음속에 새기기 바란다. 그 순간, 우리가 인생이라 부르는 찰나의 시간 동안, 이 땅에 존재하는 진정한 이유를 발견하게 될 것이다.

앞으로 소개할 장에는 치과 또는 의료 수술에 대한 두려움을 없애기 위한 마음가짐을 조성하는 상세한 지침이 제시되어 있다. 마음가짐에 관한 이번 장은 수술이나 삶에서 마주치는 불편한 상황에서 찾아오는 불쾌감을 이겨내는 지침을 자연스럽게 받아들이고 활용할 수 있도록 당신의 마음을 열어주는 일종의 예고편이다.

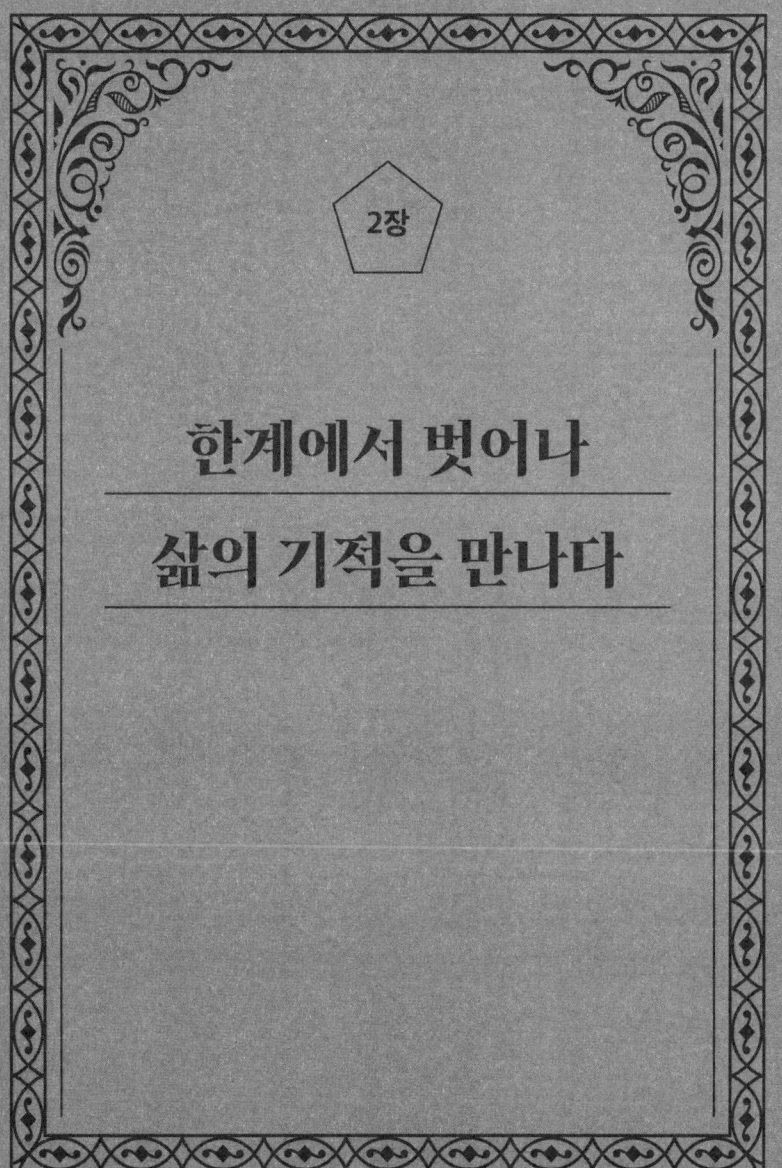

2장

한계에서 벗어나
삶의 기적을 만나다

　얼마 전, 나는 내 삶의 눈부신 여정을 적어둔 '위대한 시간의 기록'을 뒤적여보았다. 그중 '삶에서 해롭거나 쓸모없다고 생각하고 버린 것들'이라고 적힌 페이지에서, 나는 놀라운 보물과 같은 진리를 발견했다. 이 책을 통해 그 금광과도 같은 지혜를 전하고자 한다.

　나는 의아했다. 내가 버린 것들이 귀중한 보물이라는 사실을 왜 이제야 깨달았을까? 내가 발견한 것의 본질을 듣고 나면 당신도 그 답을 명확히 알게 될 것이다. 이런 깨달음을 얻기까지는 영적으로 성숙해지는 과정이 필요했고, 젊음을 뒤로하고 원숙함을 얻어야만 했다. 그래야만 세상 사람들의 그릇된 습관에 현혹되지 않는 눈으로 내면에 존재하는 이 위대한 보물을 알아보고, 진정한 의미를 해석할 수 있는 지혜를 얻을 수 있다.

'위대한 시간의 기록'에 적힌 내용을 천천히 넘겨보며, 나는 놀라운 사실을 발견하고 충격에 빠지고 말았다. 우리가 살아가며 겪는 모든 종류의 사건과 상황, 온갖 실수와 실패 그리고 가슴 아픈 경험까지도 그것의 본질과 목적을 유연한 사고방식으로 이해하고 받아들인다면 매우 유익할 수 있다는 사실을 깨달았기 때문이다.

당시에는 바람직하지 못하고 해롭다고 여겼던 상황을 돌이켜 분석해보니, **그 경험 하나하나가 지금 내가 무엇보다 중요다고 여기는 것들을 가능하게 했다**는 사실에 나는 뜻밖의 기쁨을 느꼈다.

이 '위대한 시간의 기록'을 철저히 파헤치며, 나는 인간의 모든 실패와 실수, 좌절을 최고의 축복으로 바꿀 수 있는 전에 없던 방법을 발견할 수 있었다. 그 방법을 발견하고 어둠 속에서 마음의 평화를 찾아 헤매는 사람들을 위해 이 책을 써야겠다는 생각이 머릿속에 가득 찼다. 마음의 평화, 그것은 내가 40년 가까이 맹목적으로 갈구해온 것이기도 했다.

한때 나는 성공의 비밀은 오직 성공한 사람들을 통해서만 밝혀질 수 있다고 믿었다. 하지만 그것은 내가 쓸모없다고 여기며 피하려 하고 버려두었던 생각과 물건을 뒤적이기 전의 이야기였다.

앤드루 카네기로부터 세계 최초로 실용적인 성공 철학서를 써달라는 의뢰를 받은 후, 그의 소개로 당대 최고의 성공 인사 500여 명을 가까이에서 접할 수 있었다. 나는 당연히 위대한 업적을 이룬 이들만이 가치 있는 교훈, 특히 치열한 경쟁 사회에서 자신의 자리를 찾으려 애쓰는 사람들이 참고할 만한 실용적인 지식의 원천을 전해줄 수 있다고 생각했다.

하지만 그 결론은 잘못된 것이었다. 보편적인 성공 법칙은 부자나 자부심이 강한 자들의 전유물이 아니라, 가난하고 보잘것없는 사람들에게도 똑같이 열려 있다는 사실을 깨달았기 때문이다.

이 위대한 진리를 처음 깨달은 계기가 있다. 남부 출신으로 제대로 교육받지 못해 고된 노동으로 생계를 꾸려갈 수밖에 없었던 한 흑인 남성을 만났을 때였다. 그의 이야기를 처음 들었을 때, 나는 그를 직접 찾아 나섰다. 믿기 힘들 정도로 짧은 시간에 빈털터리에서 극적으로 부자가 된 비결을 그에게 직접 듣고 싶었기 때문이다.

무더운 여름날이었다. 이 흑인 남자는 목화밭 한구석에서 걸음을 멈췄다. 곡괭이 손잡이에 기대어 이마의 땀을 훔치며 고통스러운 목소리로 울부짖었다. "오, 주님! 이렇게 뼈 빠지게 일만 하는데, 어째서 저에게는 겨우 잠잘 수 있는 오두막과 소금에 절인 돼지고기 한 조각밖에 허락하지 않으시는 겁니까?"

그의 절규는 마침내 응답을 받았고, 그것은 기적의 시작이 되었다. 그는 삶을 변화시키기 위해 일련의 행동을 하기 시작했고, 훗날 그의 이야기를 들은 수많은 사람의 삶에 변화를 가져왔다.

이 남자의 이야기로 이번 장을 시작하는 데는 이유가 있다. 물질적 풍요와 마음의 평화를 추구하는 사람들에게 그리고 어떠한 역경이든 극복할 방법을 찾는 사람들에게 내가 이 책에서 전하고자 하는 조언이 얼마나 타당한지를 이 흑인 남자의 이야기가 완벽하게 보여주기 때문이다.

태어난 곳과 피부색 때문에 남자는 처음부터 매우 불리한 조건을 안고 시작할 수밖에 없었다. 하지만 그는 <u>**우연히 던진 질문 하나로**</u> 크나큰 기적을 일구어냈고, 대다수 사람, 심지어 정식 교육을 받은 사람조차도 누리지 못한 명성과 부를 한꺼번에 손에 넣었다.

우선, 그 질문에 대한 답은 그로 하여금 개인적인 성공의 제1원칙인 <u>**'명확한 목표'**</u>와 이를 이루기 위한 구체적인 계획을 세우게 했다. 그 목표란, 자신의 옛 모습을 버리고 훨씬 더 위대한 사람, 그러니까 <u>**인종, 신념, 피부색에 상관없이 원하는 것은 무엇이든 얻을 힘**</u>을 가진 사람이 되겠다는 것이었다. 나는 이 책을 읽는 모든 독자도 그러한 사람이 될 수 있도록 도울 것이다.

그는 이 목표를 세우자마자 곧바로 행동에 나섰다. 자신을 최고 사제 자리에 임명했고, 이 땅의 모든 사람에게 살아 있는 유일신, 즉 '인간의 모습을 한 신'을 자처했다. 그의 대담무쌍한 인생 목표를 두고 사람들은 저마다 다르게 생각하겠지만, 한 가지는 부정할 수 없었다. 수많은 사람의 삶을 갉아먹는 열등감이라는 것은, 이 남자와 일절 무관

했다는 점이다.

이 남자가 자신을 신이라 자처한 것에 대해 섣불리 어떤 판단을 내리기 전에, 그가 자신이 정한 원대한 목표를 이루기 위해 지금까지 어떤 성과를 냈는지 간단히 알아볼 필요가 있다. 그 결과를 알고 나면 그에 관한 판단을 재고할 수 있을 것이다. 그를 비난하기보다는, 그가 인생에서 최고의 자리에 오르기 위해 어떤 방법과 능력을 활용했는지 알아보는 편이 더 유익할 것이다.

그는 '파더 디바인Father Divine(신성한 아버지)'이라는 매우 인상적인 활동명을 사용했다. 그리고 미국 전역과 일부 해외 국가에서 수백만 명에 이르는 추종자들을 확보했는데, 그중에는 백인도 상당수 포함되어 있었다.

파더 디바인에게는 막대한 돈이 쏟아져 들어왔다. 모두 신도들이 자발적으로 낸 기부금이었다. 그는 롤스로이스를 타고 다녔고, 어느 도시를 방문하든 자신이 소유한 호텔에서 묵었기 때문에 언제나 최고급 숙소에서 지낼 수 있었다. 피부색 따위는 더 이상 그의 발목을 잡지 못했다. 거대하고 복잡한 그의 조직은 노점상에서부터 옷가게, 레스토랑에 이르기까지 다양한 사업체를 운영했다. 게다가 모든 일은 자원봉사자들이 도맡아 했다.

파더 디바인이 호화로운 생활을 하며 다른 사람들에게 얼마나 도움을 베풀었는지는 중요치 않다. 물론 지금에 와서 내가 그의 사상을 홍

보하거나 전파하려는 의도는 전혀 없다.

다만 이 책의 목적은 파더 디바인이 우연히 발견한 '기적의 본질'을 당신에게 소개하는 것이다. 이 기적은 그로 하여금 인종과 피부색의 한계에서 벗어나게 했고, 가난하고 배우지 못했다는 족쇄도 끊어버리게 했으며, 마침내 그를 엄청난 부자로 만들었다.

파더 디바인을 무작정 따라 하라는 것이 아니다. 내가 당신에게 이 비밀을 알려주는 이유는 당신이 인류를 위해 봉사할 수 있는 분야, 이를테면 종교계나 다른 유용한 분야에서 그보다 더 뛰어난 사람이 될 수 있도록 도움을 주기 위해서다. 물론 이 비밀을 활용해 당신 삶의 무게를 덜어낼 수도 있을 것이다.

파더 디바인이 부를 얻은 비결은 내게 새로운 것이 아니다. 나는 40년 넘게 부자가 되는 비결을 연구했고, 그동안 미국이 낳은 걸출한 인물 500여 명의 삶에서 이 비결이 성공적으로 작용하는 것을 직접 목격했다. 이들은 오랜 기간 나와 협업하며 내가 성공 과학을 체계화하도록 도와주었다. 헨리 포드, 토머스 에디슨, 알렉산더 그레이엄 벨Alexander Graham Bell, 우드로 윌슨Woodrow Wilson, 윌리엄 하워드 태프트William Howard Taft 같은 인물이 여기에 포함된다.

이 뛰어난 인물들의 삶을 자세히 들여다본 결과, 개인의 성공 여부를 판가름하는 최고 비결과 관련해 가장 놀라운 사실은, 그들 중 단 세 명을 제외하고는 아무도 자기 성공의 진정한 원인이나, 그들을 그 정도로 성공하게 한 힘의 본질을 이해하지 못했다는 점이다. 대다수는 파더 디바인과 매우 비슷한 방식으로 이 위대한 '기적'을 우연히 이루어냈을 뿐이다.

하지만 성공에 담긴 진정한 비밀을 찾고자 하는 사람이라면 간과하지 않을 사실 하나가 있다. 3천만, 아니 최소한 100만 명의 자발적인 추종자가 있었다면, 그에게는 물질적인 탐욕에만 사로잡힌 사람들에게는 없는 어떤 신비로운 매력이 반드시 있었으리라는 생각 말이다.

다른 장에서와 마찬가지로, 나는 이 장에서도 물질적 성공의 비결이 육체적 고통이나 달갑지 않은 상황을 이로운 방향으로 바꾸는 비결과 정확히 같다는 점을 강조하고자 한다.

나는 이 책에서 파더 디바인의 성공을 가능케 한 '기적'의 정체를 낱낱이 밝힐 것이다. 거기서 끝이 아니다. 이 세상 모든 사람에게 성공의 기적이 주어질 수 있다는 사실에 대해서도 다룰 예정이다. 사람들이 제대로 알아차리지 못하고 좀처럼 활용하지 못할 뿐, 누구나 마음의 평화와 물질적 풍요를 손에 넣는 기적을 경험할 수 있다.

앞으로 설명할 '기적'의 목록을 읽고 나면, 거의 대다수는 이런 것이 최고의 부를 가져다주는 열쇠라는 것을 믿을 수 없다며 놀라움을 금치 못할 것이다. 기껏해야 천만 명에 한 명, 아주 소수만이 놀라지 않을 것이다. 그는 이미 에디슨, 포드, 파더 디바인처럼 그 '기적'을 발견하고 이를 통해 자신만의 삶을 창조해온 사람들의 반열에 속해 있기 때문이다.

지금부터 우리는 '삶의 기적이 존재하는 계곡'을 함께 여행하게 될 것이다. 그곳에는 파더 디바인을 극도의 가난과 무지에서 끌어내 엄청난 부와 그것을 다룰 수 있는 지혜까지 선사한 '기적'이 있다. 이 변화를 만들어낸 특별한 '기적'을 알아차린다면, 그것은 당신에게 크나큰 기쁨이 될 것이다. 이 장에서 발견하지 못하더라도 걱정할 필요는 없다. 이 책 곳곳에 마음의 평화와 풍요로 이어지는 길에 대해 알려진 모든 것을 기록해두었으니, 거기서 그 답을 찾을 수 있을 것이다.

다음은 파더 디바인이라는 남자를 정확하게 분석하는 데 도움이 될 만한 몇 가지 단서다.

그가 새롭게 태어나기로 한 정확한 시기와 장소 그리고 상황은 전적으로 그 자신이 선택한 것이었고 **통제할 수 있는** 것이었다.

그를 도와준 사람도, 그가 무지와 가난에서 벗어나 엄청난 부와 지혜를 얻을 수 있을 거라고 말해준 사람도 없었다. 여기서 주목할 점이 있다. <u>어떤 교육도 받지 못한 사람이 해냈다면, 비슷한 정신 능력을 갖춘 사람은 누구라도 똑같이 해내거나 심지어 그를 뛰어넘을 수 있다</u>는 것이다. 이는 어떤 분야에나 적용된다.

한 사람이 극한의 가난을 어마어마한 부로 바꿔낸 비법이 있다. 그렇다면 이 비법으로 그 어떤 나쁜 상황도 그만한 가치를 지닌 보상으로 바꿀 수 있지 않겠는가? 여기에는 의심의 여지가 없다.

파더 디바인이라는 이 남자 그리고 그와 똑같은 특권을 누릴 기회를 얻은 흑인들 사이에는 어떤 차이가 있을까? 이 질문에 대한 답이 메시아를 자칭한 이 남자가 아무것도 아닌 극빈자에서 풍요를 누리는 대단한 인물로 변모하게 된 '기적'을 알려주는 실마리가 될 것이다.

파더 디바인의 삶을 바꾼 '기적'은 헨리 포드, 토머스 에디슨, 앤드루 카네기 등의 거물을 각자의 분야에서 놀라운 성취의 경지로 끌어올린 '기적'과 정확히 동일하다. 또한, 인류가 지금까지 이뤄낸 모든 진보의 원동력이 된 바로 그 '기적'과 다르지 않다.

위스콘신주 포트 애킨슨 근처의 작은 농장 주인이었던 마일로 C. 존스Milo C. Jones도 전신 마비라는 불행을 겪었지만, 이 '기적'의 힘으로 백만장자가 될 수 있었다. 그것도 전에는 겨우 먹고살 정도의 돈만 벌 수 있었던 바로 그 농장에서 그는 성공의 비밀을 찾아냈다.

내 강의를 들은 사람 중에도 이 '기적'의 도움을 받아 삶이 윤택해지고 인간의 힘으로는 도저히 풀 수 없어 보이는 문제를 해결하여 마음의 평화를 찾은 경우가 헤아릴 수 없이 많다. 이들은 세계 곳곳의 거의 모든 직업군과 사업 분야 그리고 전문 영역에 걸쳐 활동 중이다. 바로 이런 이유로, 이 책에서 제시된 모든 사례는 40년이 넘는 연구를 통해 철저히 검증된 것임을 분명히 밝혀둔다.

프랭크 크레인Frank Crane 박사는 시카고 작은 교회의 목사로, 그곳에서 겨우 생계를 유지하고 있었다. 하지만 그는 내 강의를 듣고 '기적'

을 발견한 후, 자신의 설교를 조합 신문 칼럼에 연재해보겠다는 아이디어를 떠올렸다. 그리고 이를 통해 그는 연간 7만 5천 달러가 넘는 수입을 올릴 수 있었다.

대체 이 모든 것이 두려움과 육체적 고통, 슬픔 그리고 살면서 겪는 수많은 좌절을 극복하는 것과 무슨 관련이 있을까? 우리를 물질적으로 풍요롭게 해주는 원칙이 어떻게 치과 의사의 드릴이나 외과 의사의 메스에서 비롯되는 육체적 고통에서 벗어나게 해준다는 말일까?

조급해하지 말고 열린 마음으로 이 책을 정성 들여 읽어보라. 그러면 이러한 질문뿐만 아니라, '기적'이 당신 앞에 모습을 드러내기 전에 떠오르는 모든 의문에 대한 답을 얻게 될 것이다.

만약 당신이 조바심내며 지금 당장 '기적'을 당장 밝혀달라고 요구한다면, 내가 아주 어렸을 때 겪은 일을 이야기해주고 싶다. 비록 어릴 때지만 내 마음에 오래도록 깊은 인상을 남긴 일이다.

할아버지는 옥수수알 한 줌을 닭장으로 가져가 흙바닥에 뿌린 다음 짚으로 꼼꼼하게 덮으셨다. 왜 그렇게 번거로운 일을 하시냐고 내가 묻자 할아버지는 이렇게 대답하셨다. "두 가지 이유가 있단다. 옥수수알을 짚으로 덮으면 닭들이 옥수수알을 찾으려고 헤집어야 하는데, 이게 닭들한테 꼭 필요한 운동이 되거든. 그리고 내가 애써서 숨긴 옥수수를 찾아냈다는 기쁨에 닭들이 조금이나마 뿌듯함을 느끼지 않겠니?"

이제 몇 가지 작은 '기적'을 살펴보려고 한다. 삶을 송두리째 변화시키는 큰 '기적'의 본질을 밝히기 전에, 이 작은 기적들을 이해하고 제대로 평가해야 한다. 이 모든 기적들 가운데 가장 큰 오해를 받고 있는 것이 다음 장에서 설명할 기적일 것이다. 아이러니하게도, 이 기적은 우리가 원치 않는 현실에서 벗어나 진정으로 열망하는 삶으로 나아가기 위해 반드시 알아야 할 출발점을 보여준다.

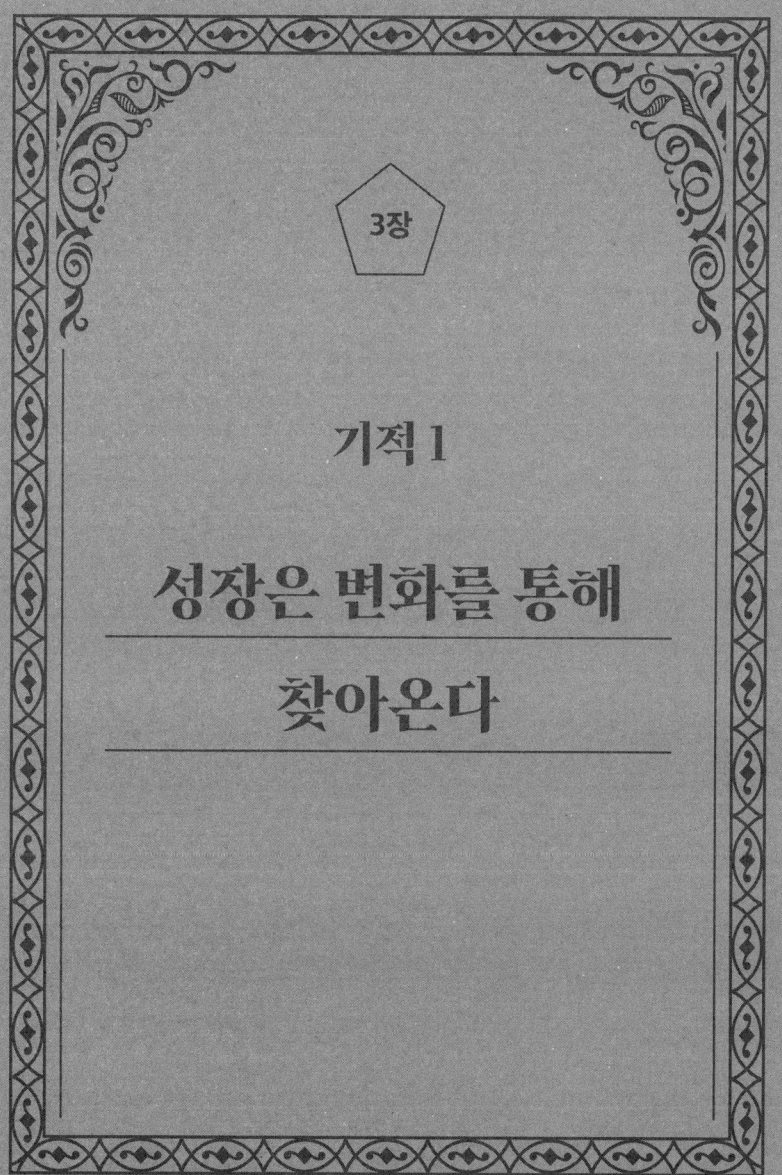

3장

기적 1

성장은 변화를 통해
찾아온다

삶의 기적 목록 가운데 가장 먼저 소개할 것은 '끊임없는 변화'이다. 변화를 1순위로 이야기하는 이유는 여기서 설명하는 기적 중 가장 중요해서가 아니다. 대다수 사람이 그 무엇보다 변화하기를 격렬히 거부하기 때문이다. 끊임없는 변화의 필요성을 이해하지 못하고 적응하지 못하면 실패와 패배의 굴레에 갇힐 수밖에 없다.

20세기 초반, 우리 삶의 방식에는 큰 변화가 있었다. 이러한 변화로 인해 문명의 전 역사를 통틀어 밝혀진 것보다 더 많은 자연의 비밀이 밝혀졌다. 자동차, 전화, 라디오, 텔레비전, 영화, 비행기, 레이더, 무선통신 등의 발명품은 모두 끝없는 변화를 추구하는 인간 정신의 산물이다.

변화는 인류 발전의 도구로서 개인의 삶뿐 아니라 국가 차원에서도 중요한 역할을 한다. 변화를 통해 계속 전진하는 것을 등한시하는 기업이나 산업은 결국 실패할 운명에 처하게 된다.

'변화의 법칙'은 자연의 엄정한 법칙 중 하나로, 이 법칙이 없었다면 문명이라는 현실도 존재할 수 없었을 것이다. 변화의 법칙이 없었다면, 인류는 여전히 태초의 모습에 머물러 있었을 것이다. 본능에 얽매여 그 한계를 뛰어넘을 수 없는 지구상의 다른 동물이나 생명체와 같은 수준에 머물렀을 거라는 뜻이다.

(흔히 진화라고 알려진) 변화의 법칙을 통해, 인류는 서서히 동물 세계의 기준선에서 벗어났다. 인류는 본능에 얽매인 상태를 넘어 점차 더 높은 지능을 가진 동물로 진화했고, 전 인류의 역사가 시작된 이래로 끊임없이 더 위대한 존재로 거듭났다. 인류는 현재 수많은 인간이 창조해서 숭배해온 여러 신보다도 더 큰 힘을 지니고 있다.

인류의 역사와 기록에 따르면, 삶은 끊임없는 변화의 흐름을 뚜렷이 보여준다. 모든 생명체는 잠시도 완전히 똑같은 상태에 머물지 않는다. 인체의 적혈구, 피부세포, 간세포, 뼈세포 등도 일정한 주기에 따라 교체되고 재생될 정도로, 이러한 변화는 거역할 수 없는 자연의 법칙이다.

변화의 법칙은 창조주가 인간을 다른 동물과 구분 지으려고 만든 장치다. 또한, 삶의 태도와 인간의 습관, 사고방식을 끊임없이 변화시켜 더 나은 인간관계를 만들어가는 역할도 한다. 이를 통해 사람들 사이의 이해가 깊어지고 조화로워진다. 게다가 변화의 법칙은 육체적 고통에 대한 두려움을 불러일으키는 고정관념을 극복할 때 반드시 사용해야 하는 도구 중 하나이다.

변화의 법칙에 따라, 우주의 보편적인 질서와 목적에 부합하지 않는 인간의 습관은 주기적으로 소멸되어왔다. 이러한 과정은 전쟁, 전염병, 가뭄 그리고 기타 거스를 수 없는 자연의 힘으로 이루어지며, 이러한 힘은 인간으로 하여금 어리석음에서 벗어나 새롭게 시작하도록 해준다. 모든 민족을 우주의 근본 질서 앞에 무릎 꿇게 만드는 이 변화의 법칙은, **자연의 법칙을 이해하지 못하고 따르지 않는 개인에게도 똑같이 가차 없이 적용된다**

"우주의 큰 질서에 순응하지 않으면 도태되리라!" 이것은 자연이 우리에게 울리는 경고 메시지다.

두려움과 실패 그리고 인간관계에서 겪는 충격과 실망은 모두 인간이 집요하게 매달리는 습관에서 벗어나도록 설계되었다. **더 나은 성장 습관을 받아들여 삶의 질을 향상**할 수 있도록 고안된 우주의 근본 법칙이다.

교육의 목적이 무엇이라고 생각하는가? 교육은 적어도 우리의 마음이 **내면에서부터** 성장하고 발전하도록 일깨워야 한다. 생각의 틀을 끊임없이 바꿔가며 마음을 진화시키고 확장해야 한다. 그래야 자신의 잠재력을 인식하고 이를 통해 개인적인 문제를 해결할 수 있는 능력이 생긴다.

이 이론이 자연의 계획과 부합한다는 증거는, 시대를 초월한 진정한 현자들이 바로 '고난의 대학University of hard knocks'을 졸업했다는 사실에서 찾을 수 있다. 이들은 고난을 통해 키운 <u>강인한 정신력을 바탕으로 성공을 일궈냈다.</u>

변화야말로 최고의 스승이라 할 수 있다! 이 진리를 이해하면, 당신은 더 이상 변화를 두려워하지 않을 것이다. 오히려 그 변화가 당신 자신과 이 세상을 더 깊이 이해하게 해주는 선물임을 알게 될 것이다. 그리고 마침내, <u>당신 마음에 평화도 물질적 풍요도 가져다주지 못한 낡은 습관</u>을 벗어던지는 과정을 순순히 받아들이게 될 것이다.

창조주가 매우 못마땅해하는 인간의 특성이 있다. 바로 안주하려는 태도, 자기만족, 미루는 습관, 두려움 그리고 체념이다. 따라서 이러한 특성을 개선하려고 노력하는 사람은 삶에 큰 변화를 가져올 수 있다.

변화의 힘으로 우리는 끊임없이 성장한다. 국가든, 기업이든, 개인이든 마찬가지다. 변화를 멈추고 일상적인 습관의 틀에 묶여 안주하는 순간 어떤 신비로운 힘이 들이닥친다. 그리고 그 힘은 가차 없이 기존의 질서를 부수고, 낡은 습관을 산산조각 내며, 더 나은 새로운 습관을 위한 토대를 마련한다.

변화야말로 모든 것, 모든 사람에게 적용되는 성장의 법칙이다!

유연한 성격, 즉 어떤 상황이 자신의 삶에 영향을 미치더라도 그에 적응할 수 있는 능력은 매력적인 인품의 핵심 요소 중 하나다. 또한, 유연한 성격은 변화를 통한 성장이라는 위대한 법칙을 받아들이는 능력이기도 하다.

자동차 회사 포드는 단칸 벽돌 공장에서 초라하게 시작했지만, 세계적인 거대 기업 중 하나로 성장했으며, 이제는 직간접적으로 수십만 명에게 일자리를 제공하고 있다.

창업자 헨리 포드는 경영에 있어 천부적인 재능을 지녔음에도 융통성이 부족해서 적어도 두 번이나 기업을 위기에 빠뜨릴 뻔했다. 나이가 들어 변화에 적응하지 못한 탓이다. 그가 세상을 떠나고 손자가 기업을 물려받았다. 손자는 창업자에 비하면 한참 어린 나이에 사업을 맡았지만, 융통성이 뛰어나고 변화를 통한 성장 법칙을 따르려는 의지가 강한 젊은이였다. 불과 몇 년 만에, 이 젊은이는 포드 산업 제국을 완전히 탈바꿈시켰다. 그 결과는 할아버지가 평생 이룬 성과를 훨씬 앞선 것이었다.

손자 헨리 포드 2세는 노사 관계와 경영, 심지어 자동차 설계와 스타일링 분야에서까지 변화를 거부하기보다는 오히려 적극적으로 받아들였다. 이러한 현명한 판단력으로 그는 순식간에 산업계의 귀재로 자리매김할 수 있었다.

우리의 영혼이 사방에서 외치고 있다. "깨어나라! 자신을 똑바로 직시하라! 낡은 습관을 과감히 벗어던져라! 그러지 않으면 그 습관이 당신을 옭아매고, 결국 다시 태어나도 같은 실수를 반복할 것이다! 이번 생에 삶의 과업을 마치고 싶다면 위대한 변화의 법칙에 순응하여 계속 성장하라!"

영혼은 훈계의 말도 건넨다. "당신의 삶에 스치는 모든 것, 모든 상황은 그것이 즐겁든 불쾌하든 당신의 인생을 살찌우는 자양분이다. 있는 그대로 받아들이고, 당신이 선택한 삶의 방식으로 녹여내라. 두려움과 걱정의 원인으로 여기지 말고 삶에 도움이 되는 방식으로 이용하라."

버지니아 남서부 산골에서 오래 살아온 한 가족이 있었다. 그 마을은 꽤 가난했는데 철도가 놓이고 석탄 광산이 가동되면서 상황이 바뀌었다. 이 가족은 산골의 땅을 엄청난 금액에 팔아 도시로 이주하여 현대식 집을 지었다. 욕실 세 개를 비롯해 온갖 현대적인 편의시설을 다 갖춘 집이 완공되었는데도 부인은 건축 대금 지급을 미뤘다. 아직 공사가 끝나지 않았다는 이유에서였다.

"집에 꼭 필요한 시설을 안 만들었잖아요." 부인이 말했다.

"대체 뭐가 없다는 겁니까?" 건축업자가 물었다.

"뭐가 없는지 정말 몰라요? 이 집에는 옥외 변소가 없잖아요!"

건축업자가 황당해하며 대답했다. "도시에는 재래식 화장실이 있을 필요가 없죠. 집 안에 아주 멋진 화장실이 세 개나 있으니 거기서 필요한 용무를 편히 보실 수 있을 겁니다."

"난 옥외 변소에서 볼일을 보며 시어스Sears(미국의 다국적 유통업체. —옮긴이) 카탈로그를 읽는 재미로 평생을 살아왔는데, 이 나이에 그 즐거움을 포기할 생각은 없어요. 옥외 변소를 지어주지 않으면 한 푼도 못 받을 줄 아세요!"

결국, 옥외 변소는 지어졌다! 하지만 아내는 지어진 옥외 변소를 살펴보더니 이렇게 불평했다. "이건 안 돼요! 변기 구멍이 하나밖에 없잖아요. 우린 항상 구멍 두 개짜리를 써왔다고요!"

그래서 건축업자는 구멍 하나를 더 뚫었고, 거기에 추가로 온수관과 냉수관까지 설치하고 심지어 전화기도 달아놓았다. 그 결과 부유한 노부인은 재래식 화장실에 앉아 전화로 사교활동도 하고 시어스 카탈로그도 읽을 수 있게 되었다. 안주하려는 마음과 오래된 습관은 끝내 변화와 발전을 짓밟아버린다.

금전 등록기가 처음 도입되었을 때 제조사는 이를 설치하도록 상인들을 설득하는 데 큰 어려움을 겪었다. 그러니 판매사원들의 실적도 처음에는 부진할 수밖에 없었다. 점원들은 자신들의 정직성이 의심받는 것 같다며 이 새로운 기계를 못마땅해했고, 상점 주인들은 기곗값과 더불어 기계가 작동하는 데 걸리는 시간이 수익에 큰 타격을 입힐 거라며 불평했다.

하지만 끈질긴 변화의 법칙은 피할 수 없는 법이다! 오늘날 정신이 제대로 박힌 상인이라면, 금전 등록기 없이는 현금을 다루는 소매업을 결코 운영하려 들지 않을 것이다.

미국 의회가 연방준비제도를 강제로 도입했을 때, 대다수 은행가들은 한마음으로 격렬히 반발했다. 이 제도는 급진적인 변화를 의미했고, 은행가들은 자신들의 기존 업무방식을 흔드는 변화를 원치 않았다. 하지만 연방준비제도는 그 어떤 방식보다 확실하게 은행의 안전을 보호해주는 장치임이 입증되었다. 만약 지금 와서 누군가가 이 제도를 폐지하자고 한다면, 은행가들은 아마도 그때만큼이나 큰 목소리로 이번에는 그 변화에 반대할 것이 분명하다.

창조주는 인간이 동물의 세계에서 벗어나 영적인 영역으로 올라설 수 있도록 귀중한 도구를 선사했다. 이를 통해 인간은 자신의 운명을 스스로 개척할 수 있게 되었다. 그 도구란 다름 아닌 **변화의 법칙**이다.

인간은 마음가짐을 바꾸는 것만으로도 원하는 삶의 모습을 그려내고 그것을 현실로 만들어낼 수 있다. 이것이야말로 인간에게 주어진 유일무이한 능력이라 할 수 있다. 절대 박탈되지 않고, 지금까지 누구도 의문을 제기하지 않았으며, 앞으로도 그 누구도 감히 도전할 수 없는 절대적 통제권을 부여한 능력이다. 이는 창조주가 이 능력을 인간의 가장 큰 특권으로 여겼음을 시사한다.

독재자들과 세계 정복을 꿈꾸는 자들은 나타났다가도 사라지고 마는데, 이는 인간을 노예로 만드는 것이 우주의 큰 섭리에 어긋나기 때문이다. 우주의 섭리에 따르면 오히려 모든 인간이 자유로워야 한다.

각자 자신의 방식대로 삶을 살아가고, 자기 생각과 행동을 스스로 통제하며, 이 땅에서의 운명을 스스로 개척해나가야 한다.

이런 이유로, 과거를 돌아보며 미래를 예측하는 철학자들은 히틀러Adolf Hitler나 스탈린Joseph Stalin 같은 인물이 일시적으로 자만에 빠져 인류의 자유를 위협한다고 해도 크게 동요하지 않는다. 과거 비슷한 부류의 독재자들처럼, 이들 역시 결국 과도한 야망과 허영심 그리고 자유 세계를 지배하려는 욕망으로 인해 자멸할 것임을 알고 있기 때문이다. 더욱이, 인간의 자유를 억압하려는 이러한 독재자들은 자기도 모르게 인류를 안일함에서 깨우고 더 나은 삶의 방식을 가져올 변화의 길을 열어주는 역할을 하는 악마일지도 모른다.

인간이 순응하는 한, 자연은 평화로운 방식으로 인간을 변화의 길로 이끈다. 하지만 이 변화의 법칙을 무시하거나 거부하면 자연은 혁명적인 방법을 동원한다. 이 방법은 가족의 죽음이나 심각한 질병까지 포함할 수 있고 사업 실패나 실직으로 이어질 수 있다. 이럴 때는 전혀 다른 분야에서 일자리를 새로 찾아야 할 수도 있다. 그렇다고 해서 실망할 필요는 없다. 그 과정에서 기존의 생활 방식이 깨지지 않았다면 결코 알지 못했을 더 큰 기회를 발견할 수도 있기 때문이다.

자연은 인간 이외의 모든 생명체에게는 **습관 고정의 법칙**을, 인간에게는 **습관 변화의 법칙**을 엄격히 적용한다. 이로써 자연은 인간이 우주의 전체 설계 속에서 자신의 고유한 위치에 걸맞게 성장하고 진화할 수 있는 유일한 수단을 제공한다.

토머스 에디슨이 처음으로 겪은 역경은 석 달 만에 학교에서 쫓겨난 것이었다. 교사는 그가 교육받을 능력이 없다는 서한을 에디슨 부모에게 보냈다. 에디슨은 다시 학교, 적어도 일반적인 의미의 학교로는 돌아가지 않았다. 대신 그는 '고난의 대학'에서 스스로를 가르치기 시작했고, 그곳에서 얻은 가르침으로 역사적으로 위대한 발명가 중 한 명이 되었다. 고난의 대학을 졸업하기 전, 그는 여러 직장에서 해고를 당했다. 하지만 그 과정에서 운명의 인도를 받아 위대한 발명가가 되는 데 필요한 핵심적인 변화를 겪었다. 그가 정규 교육을 받았더라면 오히려 위대한 인물이 될 기회를 놓쳤을지도 모른다.

자연은 자신의 목적을 알고 있다. 우리가 겪는 역경, 육체의 고통, 슬픔, 고뇌, 일시적 패배는 무의미하지 않다. 이 사실을 기억하고 또다시 역경이 닥칠 때 이를 이로운 방향으로 이용해야 한다. 그러니 반항하며 소리치거나 두려움에 떨지 말고, 당당히 고개를 들어 사방을 살펴보라. 모든 역경 속에는 그만한 가치가 있는 보상의 씨앗이 깃들어 있기 마련이다.

나는 지금까지 살아오면서 삶의 큰 전환점이나 극적인 변화를 두려워한 적이 없다. 그런 변화가 내가 원해서 선택한 것이든, 아니면 내 뜻과는 상관없이 갑자기 닥친 힘든 상황이든 마찬가지였다. 상황은 통제할 수 없을지언정 적어도 그 상황에 대한 반응만큼은 스스로 통제할 수 있다는 것을 알았기 때문이다. 나는 내게 주어진 선택권을 특별한 방식으로 활용했다. 불평하는 대신, 모든 경험 속에 숨어 있는 소중한 가치를 찾아내려 노력했다.

지금 당신이 읽는 이 책은 40년 동안 내가 겪은 변화가 만들어낸 결과물이다. 그 기간에 나는 내 삶의 방식을 끊임없이 그리고 때로는 극적으로 바꿔야 했다. 어쩔 수 없이 받아들여야 했던 부분도 있었고, 일부는 자발적으로 선택했다. 하지만 결국 이 모든 변화를 겪고 나서야 비로소 마음의 평화와 물질적 풍요의 비밀을 깨달을 수 있었다.

앤드루 카네기가 세계 최초로 실용적인 성공 철학을 체계화하는 연구를 시작해달라고 나에게 의뢰했을 때, 나는 어떤 준비도 되어 있지 않았다. 솔직히 말하면, '철학'이라는 단어의 뜻도 사전을 찾아보고 나서 알았을 정도다.

나는 정말 백지상태에서 이 일을 시작했다. 카네기가 맡긴 임무를 성공적으로 완수하기 위해 해야 했던 일은 단순한 변화가 아니었다. 그것은 사실상 전면적으로 나를 다시 만드는 작업과도 같았다. 하지만 이러한 상황이 오히려 행운이었을지도 모른다. 내가 고군분투하며 얻은 지식에서 결국 최고의 '기적'을 깨달을 수 있었기 때문이다. 그리고 그 깨달음을 전하는 것이 바로 이 책을 집필하는 핵심 목적이다.

나를 다시 만드는 작업을 하며 스스로 만든 실패의 습관을 성공의 습관으로 바꿀 수 있었다. 이러한 변화의 과정을 거친 끝에, 마침내 나는 내가 원하거나 선택한 모든 영역에서 조화롭고 균형 잡힌 삶을 살 수 있게 되었다.

카네기가 의뢰한 일을 준비하면서 나는 다음과 같은 변화를 거쳐야 했다.

- 자신감 부족으로 스스로 과소평가하는 습관에서 벗어나기
- 질병과 육체적 고통에 대한 두려움 등 인간의 일곱 가지 기본적인 두려움에 굴복하는 습관에서 벗어나기
- 스스로 부과한 한계로 인해 가난과 부족의 상태에 얽매이는 습관에서 벗어나기
- 내 마음을 소홀히 대하는 습관에서 벗어나 모든 욕망을 달성하는 데 집중하기
- 인정과 풍요로움을 겸손한 감사의 마음으로 받아들이지 못하는 습관에서 벗어나기
- 심기도 전에 거두기를 기대하는, 즉 '필요'와 '권리'를 혼동하는 습관에서 벗어나기
- '정직'과 '진실한 목적'만으로 성공할 수 있다는 잘못된 믿음에서 벗어나기
- 고등 교육기관을 통해서만 진정한 '교육'이 이루어진다는 잘못된 믿음에서 벗어나기

- 예산과 '시간' 관리 측면에서 삶을 실용적으로 운영하지 못하는 습관에서 벗어나기
- 삶의 명확한 주요 목적을 추구하는 데 충분한 '시간'을 할애하지 않는 습관에서 벗어나기
- 조급하게 행동하는 습관에서 벗어나기
- 내가 어떤 무형의 재능을 지녔는지 파악하지 않고, 따라서 그것에 감사하는 마음을 갖지 못하는 습관에서 벗어나기
- 정당하게 사용할 수 있는 양 이상의 물질적 부를 축적하려고 애쓰는 습관에서 벗어나기
- '주는 것'보다 '받는 것'이 더 이익이라고 믿는 습관에서 벗어나기
- 무한한 지혜의 원천을 인식하고 내가 원하는 목표를 위해 그것을 활용하지 못하는 습관에서 벗어나기

내가 바꿔야 했던 모든 습관을 망라하지는 않았지만, 그중 특별히 중요한 의미가 있는 것들을 소개했다. 여기에서 변화의 법칙이 내 삶에서 얼마나 중요한 역할을 했는지 분명히 알 수 있다. 또한, 이러한 변화가 없었다면 세상에 실용적인 성공 철학을 전할 기회도 분명 놓쳤을 것이고, 아울러 지금처럼 과분할 정도로 인정받지도 못했을 것이다.

내 삶의 내밀한 면모를 이렇게 솔직히 공개하는 이유가 있다. 자신

만의 방식으로 충만하고 균형 잡힌 삶을 살기 위해서는 당신의 습관 중 일부를 바꿔야 할 수도 있다는 사실을 받아들이게 하기 위해서다.

현재의 습관을 얼마나 바꿔야 할지는 전적으로 당신이 결정할 문제다. 하지만 당신이 마음의 평화와 균형 잡힌 삶을 추구한다면, 다음 일곱 가지 기본적인 두려움은 반드시 극복해야 한다.

1. 가난에 대한 두려움
2. 비판에 대한 두려움
3. 질병과 육체적 고통에 대한 두려움
4. 사랑의 상실에 대한 두려움
5. 자유의 박탈에 대한 두려움
6. 노년에 대한 두려움
7. 죽음에 대한 두려움

이어지는 장들에서는 새로운 사고방식을 개발하고 적용함으로써 이 모든 두려움을 극복하는 방법을 배울 것이다. 이 새로운 사고방식은 그동안 두려움을 일으켰던 오래된 습관을 대체할 것이다. 균형 잡힌 삶을 위해 그 밖의 다른 변화도 필요할 수 있지만, 당신의 삶을 다시 만들려면 이 일곱 가지 기본적인 두려움은 '반드시' 극복해야 한다.

앞으로 제시될 지침들은 당신이 감당할 수 있는 범위 내에 있을 테니 안심해도 좋다. 물론 상당한 노력이 필요하겠지만, 평범한 사람이라면 누구나 감당할 수 있는 수준이다.

지금 이 자리의 우리를 만든 것은 매일 일상적으로 반복한 습관이다!

습관은 전적으로 개인의 통제 아래 있기 때문에, 바꾸고자 하는 의지만 있으면 언제든지 바꿀 수 있다. 이는 개인이 완전히 통제할 수 있는 유일한 영역이다. 습관은 우리의 생각에 의해 형성되며, 생각이야말로 창조주가 우리에게 완전한 통제권을 부여한 유일한 능력이다. 이 권리를 제대로 사용하면 큰 보상을 받지만 제대로 사용하지 않으면 심각한 대가가 따른다.

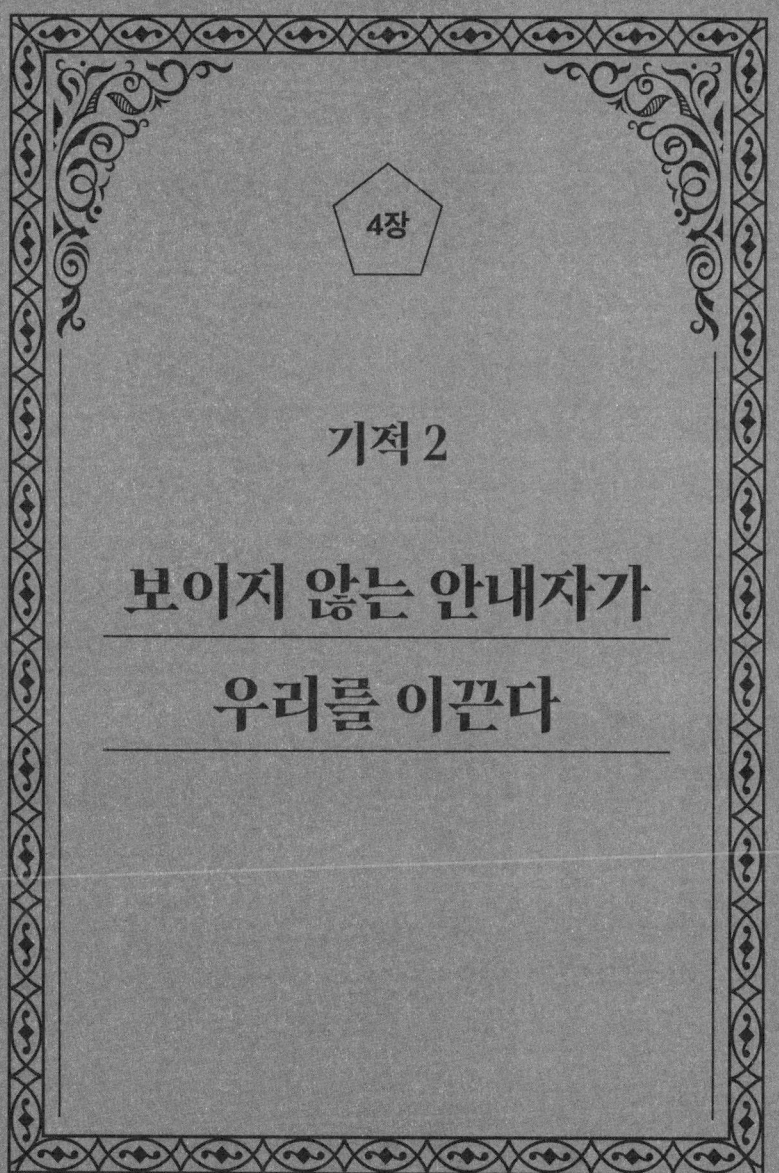

4장

기적 2

보이지 않는 안내자가

우리를 이끈다

'보이지 않는 안내자'는 우리가 태어나는 순간부터 죽을 때까지 함께한다. 하지만 그 존재는 오직 그들을 인정하고 그들의 도움을 받아들인 사람만이 증명할 수 있다.

눈에 보이지 않는 이 안내자들은 마치 부적처럼 우리가 깨어 있을 때도, 잠들어 있을 때도 우리 곁을 지킨다. 하지만 대부분은 그들의 존재를 알아차리지 못한 채 살아간다.

인간을 돕는 보이지 않는 안내자들의 존재를 증명하려고 여러 가지 논리를 장황하게 늘어놓는 게 이 글의 목적은 아니다. 다만 나와 함께 인생이라는 여정을 걷고 있는 독자들, 특히 자신의 필요를 충족시키고 마음을 평화로 이끄는 삶의 방식을 추구하는 과정에서 어떤 도움이든 기꺼이 받아들일 준비가 된 사람들에게는 이들의 존재를 알려야 한다고 생각한다.

보이지 않는 친절한 안내자들의 도움이 없었다면, 나 역시 성공 철학을 세상에 내놓지 못했을 것이다. 또한, 수많은 사람이 성공 과학을 통해 자신의 **내면에 잠재된 힘**을 발견하고 실제 삶에 활용할 수 있도록 이끌어줄 수도 없었을 것이다.

나는 삶에 도움을 주는 보이지 않는 힘이나 원리를 여덟 가지로 구분하고, 각각의 특성에 맞는 이름을 지었다. 이 장에서 그에 대해 자세히 설명하겠지만, 한 가지 명심해야 할 점이 있다. 이 '보이지 않는 여덟 명의 안내자'는 내 상상력의 산물이며, 원한다면 누구나 자신만의 방식으로 안내자를 만들어 활용할 수 있다는 사실이다.

나는 여덟 명의 안내자가 나를 위해 평생 봉사하는 실제 인물이라고 생각한다. 그들에게 지시를 내리고 그들이 나를 위해 해준 일에 감사를 표한다. 그리고 그들은 마치 진짜 사람처럼 내 요청에 반응한다.

이제 이 여덟 명의 안내자를 소개할 테니 그들이 각각 어떤 역할을 하는지 살펴보자.

보이지 않는 여덟 명의 안내자

❧ 물질적 번영으로 이끄는 안내자

이 안내자의 임무는 내가 선택한 생활 방식을 유지하는 데 필요한 모든 물질적 요소를 충분히 공급하는 것이다. 많은 사람의 평생을 괴롭히는 돈 걱정을 나는 해본 적이 없다. 필요할 때마다 원하는 만큼의 돈이 생겼다. 하지만 나 역시 돈을 얻으려면 그에 상응하는 가치를 제공해야만 했다. 다른 사람에게 도움이 되는 일을 해야 그 대가로 돈을 손에 쥘 수 있다.

❧ 건강한 육체로 이끄는 안내자

이 안내자의 임무는 육체를 항상 완벽한 상태로 유지하는 것이다. 이를테면 치과 수술을 받기 전, 앞으로 겪을 변화나 스트레스에 대비해 미리 몸 상태를 적절하게 만든다. 나는 예전에는 두통, 변비 그리고 극심한 피로에 시달렸지만, 이 안내자를 만난 이후 모든 것이 해결됐다. 건강한 육체를 지키는 안내자는 늘 내 몸의 모든 주요 기관이 활발히 기능하도록 유지해준다. 또한, 내 몸의 수십억 세포 하나하나에 적절한 저항력을 불어넣고, <u>모든 전염병에 대해서도 충분한 면역력을 제공한다</u>.

하지만 나 역시 건강한 육체로 이끄는 안내자와 협력해야 한다. 나는 적절한 식사, 충분한 수면, <u>일과 휴식이 균형 잡힌 생활 습관</u>을 실천한다. 특히 중요한 것은 <u>긍정적이고 건설적인 생각으로 마음을 채우고</u>, 두려움이나 미신, 과대망상에 빠지지 않도록 하는 것이다. 마지막으로, 음식 한 조각, 음료수 한 방울이라도 <u>깊은 감사의 마음으로</u> 먹는다. 이로써 건강한 육체로 이끄는 안내자에게 내 몸 전체를 완벽한 상태로 만들어준 데 감사를 표현한다.

나는 모든 순간 삶의 모든 영역에서 평화롭고 차분한 상태를 유지하려 노력한다. 특히 기쁘고 고요한 분위기 속에서 식사하는 것을 중요하게 여긴다. 우리 집에는 따로 정해진 훈육 시간이 없다. 설령 그런 시간이 필요하다고 해도, <u>절대 식사 시간을 훈육 시간으로 정하지는 않을 것</u>이다. 많은 가정에서 식사 시간에 훈육한다는데, 그것은 바람직하지 않다고 본다.

밥을 먹는 동안 우리가 머릿속에서 떠올리거나 말로 표현하는 모든 생각은 음식에 스며들어 혈류로 들어간다. 이 생각은 뇌로 전달되는데, 그 성격이 긍정적인지 부정적인지에 따라 우리에게 축복이 되기도 하고 해를 끼치기도 한다. 이러한 사실은 아기에게 모유 수유를 하는 어머니에게서 잘 드러난다. 수유 중 어머니가 걱정에 빠지거나 마음 상태가 부정적이면, 그 정신 상태가 모유를 오염시켜 아기가 소화 불량이나 복통을 일으킬 수 있다. 또한, 의학계에서는 위궤양이 주로 걱정과 부정적 사고에서 비롯된다는 사실이 잘 알려져 있다.

따라서 건강한 육체로 이끄는 안내자가 우리 몸을 효율적이고 정상적으로 유지할 수 있도록 우리 자신도 꾸준히 신경 써서 관리하며 협조해야 한다는 점은 분명하다. 건강한 삶을 위해 당연히 치러야 할 대가이다.

✤ 마음의 평화로 이끄는 안내자

이 보이지 않는 안내자의 유일한 임무는 두려움, 미신, 탐욕, 질투, 증오, 욕심 등 마음을 불안하게 하는 영향으로부터 자유로워지도록 하는 것이다. 이 안내자가 하는 일은 건강한 육체를 담당하는 안내자가 맡은 역할과 밀접하게 연관되어 있다. 이 보이지 않는 안내자의 도움으로, 우리는 과거의 불쾌한 기억뿐만 아니라 수술이나 치과 치료 같은 앞으로 겪을 수 있는 경험에 대한 걱정을 모두 차단할 수 있다.

마음의 평화로 이끄는 안내자는 우리가 선택한 생각에 마음을 완전히 집중시켜 부정적 생각이 스며들 틈을 주지 않는다. **부정적 생각이 들어오지 못하게 마음의 문을 굳게 걸어 잠근다!** 이 보이지 않는 안내자는 우리 주변에 보호막을 둘러쳐, 걱정이나 두려움, 불안을 일으킬 수 있는 모든 것을 차단한다. 다만, 다른 사람에 대한 의무와 관련된 정당한 고민은 예외이며, 이러한 상황은 쉽게 관리될 수 있도록 조정된다.

일시적으로 불편한 인간관계를 마주할 수도 있다. 회사 운영, 직업적 업무, 가계 예산 관리 등에서는 언제든 갈등이 생길 수 있다는 것을 인식하고 대처해야 한다. 또한, 친구나 가족의 죽음 같은 예기치 못한 비극도 항상 존재한다. 마음의 평화로 이끄는 안내자는 우리가 정신적 균형을 잃지 않고 그 상황을 적절히 처리하고 대응할 수 있도록 도와준다.

♧ 희망으로 이끄는 안내자, 신념으로 이끄는 안내자

이 두 인도자는 서로 떼려야 뗄 수 없는 관계다. 이들의 임무는 언제 어디서나 내가 무한한 지혜에 접근할 수 있도록 길을 열어주는 것이다. 이들은 내가 스스로 불필요한 한계를 설정함으로써 잠재력을 제한하지 않도록 지켜준다. 그러면서도 **자연의 질서를 존중하고 다른 사람들의 권리를 침해하지 않는 방식으로** 계획을 세울 수 있도록 도와준다. 두 인도자는 우리가 **계획을 실행에 옮기기도 전에** 그 결과를 미리 상상하고 구체적으로 그려볼 수 있게 해준다. 게다가 실행했을 때 자신이나 다른 사람에게 궁극적으로 해가 될 수 있는 계획은 아예 시작하지 않도록 막아준다.

희망과 신념으로 이끄는 안내자는 내 안의 영적인 힘을 계속 활용할 수 있게 해준다. 직접 만나는 사람뿐만 아니라 내 글을 읽는 모든 독자에게 도움이 되겠다는 목표에 닿을 수 있도록 나를 인도한다. 이것이 바로 내 책을 읽는 독자들이 자신의 삶을 계획하고 살아가는 데 있어 널리 성공을 거두는 이유라고 할 수 있다.

희망과 신념으로 이끄는 안내자는 나에게 충분한 열정을 불어넣어, 일을 미루지 않고 바로 실행에 옮길 수 있게 해준다. 내가 평생을 바쳐서 해야 할 일을 계획할 때마다 상상력을 자극하고 활발하게 유지해준다. 이들 덕분에 나는 어떤 일을 하더라도 기쁨과 행복을 찾을 수 있다. 더불어 세상의 악에 휘말리거나 동조하지 않고도 세상의 악을 객관적으로 이해하고 분석할 수 있게 되었다. 그들은 내가 모든 유형의 사람들과 편견 없이 교류하면서도, **여전히 내 운명의 주인이자 내 영혼의 선장으로 남을 수 있게** 해준다. 내 가치를 인식하고 적극적으로 행동하면서도, 자만하지 않고 주변 환경에 감사하는 마음을 갖게 한다. 마지막으로, 인간관계가 급격히 변화하는 혼란스러운 세상에서, **내 마음을 원하는 대로 통제하고 이끌어갈 타고난 권리를 포기하거나 소홀히 하지 않도록** 일깨워준다.

희망과 신념을 나침반 삼아 살아갈 때, 우리는 삶의 역경과 불쾌한 경험을 긍정의 힘으로 전환할 수 있다. 또한, 이렇게 얻어낸 긍정의 힘은 목표와 꿈을 끝까지 추진하여 성취해낼 수 있는 바탕이 된다. 이 두 안내자의 도움이 있다면, 우리는 삶에 닥치는 모든 일을 기회의 밑거름으로 만들어갈 수 있다.

✤ 사랑으로 이끄는 안내자, 낭만으로 이끄는 안내자

이 두 안내자도 하나처럼 움직인다. 이들의 임무는 내 몸과 마음을 젊게 유지하는 것이다. 이들이 임무를 너무나 잘 수행하는 바람에 나는 생일마다 **한 살씩 더 젊어지는 듯한** 기분이 든다! 그 결과 나는 20년 전처럼 느끼고, 생각하고, 일하고, 삶을 즐긴다.

사랑과 낭만으로 이끄는 안내자들은 내 일에 끝없는 기쁨을 불어넣어, 좌절도 피로도 모르게 한다. 게다가 **상상력을 자극해서 내가 성취하고 싶은 모든 것을 손쉽게 구상하고 계획할 수 있게 해준다.**

사랑과 낭만으로 이끄는 안내자는 지난날의 사랑과 환상을 다시 체험하게 해준다. 즉 나의 '또 다른 자아'를 발견하게 해준 과거의 경험을 생생히 떠올리게 하는데, 이 또 다른 자아는 삶의 긍정적 면을 받아들이고 부정적 면을 피하는 능력을 갖춘 내 모습이다.

사랑과 낭만의 안내자가 도와준 덕분에 나는 과거의 슬픔, 좌절, 실패를 지혜로 바꿀 수 있었다. 또한, 그 어떤 방법으로도 얻을 수 없었을 내면의 성장과 정신적 성숙을 손에 넣을 수 있었다. 이들은 내 인생의 목표를 깨닫게 해주고, 그 목표를 이루기 위해 넘어야 할 장애물을 극복할 방법도 알려준다. 이 두 안내자 덕분에 나는 매일의 고단함보다 더 큰 기쁨을 얻으며 하루하루를 의미 있게 살아간다.

사랑과 낭만의 안내자는 내게 삶의 어떤 상황에서도 유연하게 대처하는 법을 가르쳐주었다. 내 마음을 원하는 목표로 이끌고 통제할 수 있는 특권을 잃지 않은 것도 이들 덕분이다.

사람다움의 진정한 의미를 깨닫게 해준 두 안내자 덕분에 나는 어떤 인간관계에도 원만하게 대처할 수 있게 되었다. 이들이 없었다면, 삶이라는 여정에서 감사함을 느끼게 해줄 특별한 인연과 상황을 만날 수 없었을 것이다.

사랑과 낭만의 안내자는 내가 어떤 역경과 좌절, 실패와 실망을 겪더라도 그만한 가치가 있는 보상의 씨앗을 발견하고, 그 씨앗을 틔워 성장할 수 있게 해준다.

사랑과 낭만으로 이끄는 안내자만이 젊은 시절의 경험을 바탕으로 지혜를 얻게 하여, 나 자신의 가치를 스스로 결정하고 **내 방식대로 삶을 살아갈 수 있게** 해준다. 또한, **지나치게 많은 것을 바라거나 지나치게 작은 것에 안주하지 않도록** 조절해준다. 그들 덕분에 나는 이렇게 기도하게 되었다. "주님, 제게 진정으로 필요하고 유익한 것을 얻을 수 있게 도와주세요. 그리고 제게 불필요하거나 해로울 수 있는 것은 멀리할 수 있는 지혜를 주세요."

사랑과 낭만의 안내자는 내 영혼이 깃든 방을 장식해준다. 덕분에 내가 가진 것에 감사하고 내게 없는 것을 아쉬워하지 않는다. 혹시나 일방적인 사랑을 하게 되더라도, 낭만의 안내자는 사랑 자체를 누리는 기쁨으로 위안을 준다. 게다가 상대방이 꼭 받아주지 않더라도 사랑은 표현하는 사람에게 되돌아와 좋은 영향을 준다는 것을 깨닫게 해준다.

이 두 안내자의 가르침 덕분에 나는 미움 대신 연민의 마음을 품게 되었다. 그래서 다른 사람에게서 부당한 대우를 받아 상처를 입더라도 금세 치유되곤 한다.

✨ 총체적 지혜로 이끄는 안내자

이 안내자의 임무는 여러 가지다. 우선, 총체적 지혜의 안내자는 다른 일곱 안내자가 각자 자신의 임무를 최대한 수행하도록 북돋는다. 또한, 내가 깨어 있을 때뿐만 아니라 잠들어 있을 때도 나를 보호해준다.

이 보이지 않는 안내자는 **내가 과거에 겪은 온갖 실패와 좌절, 불쾌한 상황**을 내게 유익한 것으로 바꿔놓는 기적 같은 일을 해낸다. 덕분에 지금까지 내 삶에 영향을 미쳤던 모든 일이 값진 자산으로 탈바꿈했다.

총체적 지혜의 안내자는 인생의 갈림길에서 길잡이 역할도 해준다.

어떤 길을 택해야 할지 망설여질 때마다 신호등처럼 방향을 제시해주어 내가 올바른 선택을 할 수 있게 도와준다.

여덟 명의 안내자 외에도 내 곁에는 이름을 붙이지 못한 다른 안내자들이 있다. 그들이 어떤 방식으로 얼마나 많은 도움을 주는지 정확히는 알 수 없지만, 한 가지는 분명하다. 특별히 노력하거나 걱정하지 않아도 내가 원하는 모든 것이 언제나 준비되어 있다는 사실이다. 그것이 <u>인생의 사명을 이루는 데 필요한 것이든, 마음의 평화를 지키는 데 필요한</u> 것이든 말이다.

나는 수년 전에 처음으로 이 신비로운 안내자들의 존재를 알게 되었다. 내 인생의 주요 사명, 즉 성공의 과학을 체계화하고 전파하는 일에서 벗어났을 때 확실한 실패로 나의 계획을 방해함으로써 그들은 자신의 존재를 알렸다. 평생의 과업과 관련하여 대중으로부터 차츰 인정을 받기 시작하면서, 때때로 내 재능과 경험을 사업화할 엄청난 기회가 찾아왔다. 그중 하나는 록펠러 가문의 홍보 고문이었던 고(故) 아이비 리Ivy Lee의 제안이었다. 비록 최종적으로 계약이 성사되지는 않았지만, 나는 그 제안을 받아들였고 그저 제안을 받아들이기만 했을 뿐인데 내 철학의 결과물로 창간했던《골든 룰 매거진Golden Rule Magazine》을 잃는 대가를 치렀다.

연이어 실패를 겪었고, 매번 내 인생의 사명을 포기하고 싶은 유혹에 빠졌다. 하지만 그때마다 본래의 자리로 돌아와 사명에 전념하기 시작하면 실패의 영향이 순식간에 사라진다는 것을 깨닫게 되었다. 이런 일이 너무나 자주 일어나서 단순한 우연의 일치로는 설명할 수 없었다.

내 경험에 비추어 볼 때, 우리 주변에는 친절한 안내자들이 있다. 그 존재를 인정하고 도움을 받아들이려는 모든 사람에게 이들은 열려 있다. 이 보이지 않는 안내자의 도움을 받으려면 두 가지 조건이 필요하다. 첫째, 그들의 도움에 감사할 줄 알아야 한다. 둘째, **그들이 알려주는 대로 정확히 따라야 한다.** 이 조건을 소홀히 하면 당장은 아니더라도 반드시 재앙을 맞게 된다. 어쩌면 이것이 왜 어떤 사람이 원인도 알 수 없는 재앙을 마주하는지를 설명해줄 수 있을 것이다. 그들 자신의 잘못으로 인한 결과가 아니라고 믿는 재앙을 말이다.

나는 오래전부터 보이지 않는 안내자들의 존재를 느껴왔다. 하지만 민감한 문제라 사람들의 오해가 우려되어 글을 쓰거나 강연을 할 때는 그들에 대해 일절 언급하지 않았다. 그러던 어느 날, 저명한 과학자이자 발명가인 엘머 게이츠Elmer R. Gates와 대화를 나누다가 기쁨에 휩싸였다. 그도 보이지 않는 안내자를 발견했을뿐더러, 그들과 협력 관계를 맺어 위대한 발명가인 토머스 에디슨보다 더 많은 발명품을 완성하고 특허를 얻었다는 사실을 알게 되었기 때문이다.

그날 이후 나는 성공 과학의 체계를 수립하는 데 참여한 수백 명의 성공한 사람들에게 물어보기 시작했다. 그 결과 놀랍게도 <u>그들 모두가 미지의 곳에서 오는 깨달음을 경험했다</u>는 사실을 발견했다. 다만 대다수가 이를 인정하기를 꺼렸다. 내가 경험한 바로는, 뛰어난 성과를 이룬 사람은 대개 자신의 성공을 온전히 <u>개인의 능력 덕분</u>이라고 포장하기를 선호했다.

    토머스 에디슨, 헨리 포드, 루서 버뱅크Luther Burbank, 앤드루 카네기, 엘머 게이츠, 알렉산더 그레이엄 벨은 보이지 않는 안내자들과 함께 한 경험을 나에게 상세히 들려주었다. 하지만 이들 모두가 보이지 않는 도움의 원천을 '안내자'라고 부르지는 않았다. 특히 벨은 이 보이지 않는 도움의 원천은 명확한 목표를 향한 강렬한 열망으로 정신을 집중할 때 무한한 지성과 직접 접촉하는 것일 뿐이라고 믿었다.

    마리 퀴리Marie Curie는 처음에 라듐을 어디서 찾아야 할지, 그것이 어떤 모습일지 전혀 알지 못했음에도 불구하고 보이지 않는 힘의 안내를 받아 라듐의 비밀과 그 근원을 밝혀낼 수 있었다.

    에디슨은 발명 과정에서 자신이 어떤 보이지 않는 힘을 자유자재로 사용했다고 생각했으며, 그 힘의 본질과 원천에 대해 독특한 견해를 보였다. 그는 인간이 방출하는 모든 생각이 에테르(한때 공간을 채우고 있어 전자기파와 빛을 전달하는 매개체로 여겨졌던 가상의 물질.―옮긴이)의 일부가 되어 영원히 존재한다고 믿었다. 또한, 누구든 목표를 명확히 세우고 정신을 집중하면 원하는 종류의 생각과 교감할 수 있다고 여졌다. 예를 들어, 에디슨은 자신이 완성하고 싶은 아이디어에 깊이 몰입할 때면, 무한한 에테르의 거대한 저장소에 마치 라디오 주파수를 맞추듯 '접속'해서 같은 견해를 가진 다른 사람들이 남긴 생각을 끌어올 수 있다는 사실을 발견했다.

에디슨은 물의 순환 과정에 주목했다. 물은 강과 시내를 따라 흐르면서 인류에게 다양한 혜택을 주고, 종국에는 바다로 돌아간다. 그곳에서 물은 다시 대양의 일부가 되어 정화되고 새로운 여정을 준비한다. 이렇게 물이 오고 가는 과정에서 그 양은 늘어나거나 줄어들지 않는다. 에디슨은 이런 물의 순환이 생각 에너지와 분명한 유사점이 있다고 보았다.

에디슨은 생각이 그저 뇌에서 만들어지는 것이 아니라, 무한한 지혜의 일부분이 우리를 통해 표현되는 것이라고 여겼다. 그는 이 지혜가 인간의 뇌를 통해 수많은 구체적 아이디어와 개념으로 발전한다고 보았다. 또한, 마치 물이 바다로 돌아가듯 방출된 생각은 그 에너지의 근원지로 되돌아가고, 모든 생각은 그곳에서 서로 연관된 것끼리 분류되어 정리되고 저장된다고 여겼다.

보이지 않는 안내자들이 이 땅에 살다 간 사람들의 영혼이라는 일부의 주장을 에디슨은 단호히 부정했다. 나도 에디슨의 견해에 전적으로 동의한다. **세상을 떠난 사람이 살아 있는 사람과 소통한다는 증거를 전혀 찾을 수 없기 때문**이다. 하지만 다른 견해를 가진 사람도 분명 있을 테니, 이는 순전히 내 개인적 견해일 뿐임을 분명히 해둔다. 나의 의견은 증거가 있어서가 아니라 반대로 **증거가 전혀 없기 때문**에 도달한 결론이다.

역사와 문명의 페이지를 거슬러 올라가 보면, 한 가지 사실에 깊이 감동하지 않을 수 없다. 문명의 성과가 파괴될 위기가 닥칠 때마다, 문명이 생존하고 영속할 수 있는 방법을 제시하는 **내적 지혜**를 지닌 위대한 리더가 등장했다는 점이다.

일례로 1776년 영국이 북미 대륙에 있던 열세 개의 영국 식민지 국민의 자유를 위협하는 위기 상황에서, 조지 워싱턴George Washington이라는 지도자가 열악한 상태의 소규모 군대를 이끌고 등장해 결국 승리를 거두었다.

증거는 또 있다. 남북전쟁 당시 미국이 내분으로 분열되고 있을 때 위대한 지도자 에이브러햄 링컨Abraham Lincoln이 등장해 국가의 통합을 이끌었다.

제1차 및 제2차 세계대전에서도 또 다른 명백한 증거가 드러났다. 당시 우리는 과학 기술의 힘을 악용해 전 세계의 인권과 개인의 자유를 파괴하려 한 야만적 독재자들과 맞서 싸워야 했다.

역사상 위기가 닥칠 때마다 눈에 보이지 않는 힘과 예상치 못한 상황이 등장해, '옳은 것'이 '그릇된 것'을 이기도록 도와주었다.

모든 사람은 태어날 때부터 자신의 욕구를 채워주는 보이지 않는 안내자들과 함께한다. 이 안내자들을 무시하거나 그들의 존재를 인정하지 않으면 반드시 그에 따른 불이익을 겪게 되지만, 반대로 그들을 인정하고 활용하면 확실한 보상이 주어진다. 보상은 주로 두 가지 핵심 요소로 구성된다. 첫째, 우리가 아무리 어려운 평생의 사명을 계획하더라도 그것을 성공적으로 수행하는 데 필요한 지혜가 주어진다. 둘째, 세상에서 가장 귀중한 것, 바로 **마음의 평화**에 이르는 길을 발견하게 한다.

이 책에서 나는 다양한 표현과 예시를 사용해서 인간이 이룩해낸 업적에 대한 위대한 비밀을 설명했다. 이 위대한 비밀을 알아채는 순간, 당신은 지금까지 잠들어 있던 보이지 않는 안내자들을 깨워낼 특별한 힘을 얻게 될 것이다. 그들은 이 순간에도 당신의 부름을 간절히 기다리고 있다.

이런 안내자들이 존재하고 그들이 실제로 당신을 돕고 있다는 증거는, 당신이 이 안내자들의 존재를 인정하고 그들에게 **명확한 지시**를 내리는 순간부터 당신의 삶이 긍정적으로 변하면서 드러날 것이다.

누군가는 터무니없고 비현실적이지 않냐고 반문할지도 모른다.

그렇지 않다. '비현실적'이라기보다 '초자연적' 존재라는 표현이 더 적절하다. 내가 아는 한, 그 누구도 이 보이지 않는 안내자들의 근원이나, 어떻게 또 왜 그들이 모든 살아 있는 사람들을 인도하도록 배정되는지 설명하지 못했기 때문이다. 하지만 성공 과학을 깊이 연구한 수

많은 사람은 이 안내자들이 분명히 존재한다는 것을 이미 안다. 그들도 그 위대한 비밀을 터득했고, 이 신비한 안내를 받는 법을 깨달았기 때문이다.

보이지 않는 안내자들은 모든 사람이 지닌 '또 다른 자아'에 내재해 있다. 이 자아는 '불가능'이라는 개념을 인정하지 않고 어떤 종류의 한계도 받아들이지 않는다. 또한, 육체적 고통과 슬픔, 패배, 일시적인 실패를 극복할 수 있는 존재다.

이 책을 읽어나가다 보면 어느 순간 당신의 '또 다른 자아'가 문장 사이에서 불쑥 튀어나와 눈에 띌지도 모른다. 그러한 깨달음의 순간이 찾아왔을 때, 나중에 다시 참고할 수 있도록 확실히 표시해두길 바란다. 바로 그 지점이 당신 인생의 중대한 전환점이 될 것이기 때문이다.

나는 이 책에서 뭔가를 증명하려는 것이 아니다! 단지 당신을 그 '또 다른 자아'에게 소개하려는 것뿐이다. 당신이 그 존재와 힘을 진정으로 이해하고 경험하면, 그 자체로 충분한 증거가 되어 더 이상의 외부적 증명이 필요 없어질 것이다. 다시 말해, 삶의 수수께끼에 대한 해답은 '내면'에서, 혼자 힘으로 '생각하며' 찾아야 한다는 뜻이다.

잠을 자는 동안에도 목표를 이룰 수 있다

이제 우리는 잠든 상태에서도 건강 문제를 개선하고, 열등감을 극복하며, 원하는 목표를 향해 정신을 단련하는 방법을 배울 것이다. 그뿐만 아니라, 잠자는 동안 원하는 언어를 완벽히 익히고 어떤 주제든 공부할 수 있게 될 것이다.

특별히 제작된 장치만 있으면 이런 믿기 힘든 일들을 이룰 수 있다. 이 기계는 당신이 잠든 동안 15분마다 녹음된 내용을 재생하는데, 거기에는 어떤 주제나 목적에 대해 과학적으로 설계된 내용이 담겨 있다. 잠이 든 후에 자동으로 작동을 시작하도록 미리 타이머를 설정해 놓으면 기계는 더욱 완벽해진다.

잠들어 있는 동안에 작동하는 이런 방식을 택하는 이유가 무엇일까? 깨어 있는 동안에는 의식이 잠재의식으로 가는 문을 지키고 서 있다. 의식은 마치 경비원처럼 우리가 잠재의식에 전하려는 모든 영향과 지시를 변경하거나 아예 차단해버린다. 게다가 의식은 상당히 비관적인 성향을 지니고 있다. 의식은 긍정적 영향보다는 두려움, 의심, 불신에 더 쉽게 휘둘리는 경향이 있다. 따라서 잠재의식에 어떤 지시를 전하고 싶다면, 의식이 잠들어 경계를 풀었을 때가 가장 좋다.

'또 다른 자아'는 잠재의식을 통해서만 도달할 수 있다. 모든 사람이 지닌, 이 저항할 수 없는 존재는 보이지 않는 안내자들과 같은 차원에 존재하는 신비로운 힘과 연관되어 있다.

수면 치료법은 아이들의 성격을 바람직한 방향으로 발달시키고 좋지 않은 습관을 없애는 데도 효과적이다. 또한, 아이들이 잠든 사이에 몰래 시행할 수 있다는 장점이 있다.

한편, 치과 치료나 외과 수술을 위해 수면 치료법을 사용하려면 담당 의사나 치과 의사의 조언을 구하고 그들의 관리하에 진행하는 것이 바람직하다.

5장

기적 3

헛되고 의미 없는 고통은 없다

NAPOLEON HILL

　육체적 고통은 대자연이 이 세상 모든 생명에게 전하는 보편적 언어이며, 모든 존재는 그 메시지의 중요성을 본능적으로 이해하고 적절히 반응한다. 정상적인 사람치고 육체적 고통을 두려워하지 않는 이는 없다. 또한, 모든 수단을 동원해 고통을 피하려 들지 않는 사람도 없다. 하지만 고통은 자연이 설계한 가장 영리한 시스템이다. 지능 수준과 상관없이 모든 개체가 자기 보존의 법칙을 따르도록 강제하는 수단이기 때문이다.

　육체적 고통이 찾아오면 사람들은 즉각 반응하여 그 원인을 제거하려 한다. 예를 들어 두통이 생겼을 때 현명한 사람이라면 체내에 축적된 독소가 원인이라는 사실을 알아낸다. 이럴 때는 염류성 하제를 먹거나 관장을 하면 바로 일시적인 완화 효과를 볼 수 있다.

하지만 성급한 사람은 머리가 아플 때 대개 아스피린 몇 알을 삼키고는 '자, 이제 됐겠지'라고 생각한다. 아스피린도 보통은 일시적 효과를 보이지만 이는 근본 원인을 해결해서가 아니다. 통증의 발원지에서 뇌로 경고 신호를 전달하는 신경을 일시적으로 마비시켜서 그런 것뿐이다. 사실 뇌에서 이 신호를 받아야 통증에 대해 적절한 대처를 할 수 있고, 또 그래야만 한다.

자연이 보내는 가벼운 통증 신호를 무시하고 그 원인을 살피지 않으면 자연은 보통 더 강력한 방법을 쓴다. 뜻밖의 축복과도 같은 병을 보내 사람을 침대에 눕히고, 그동안 몸 전체를 완전히 수리하는 것이다. 현명한 사람은 결코 병을 불행이라고 말하지 않는다. 오히려 자연이 베푸는 일종의 자비로운 선물, 축복으로 여긴다. 이를 통해 장례식 대신 새로운 삶의 기회를 얻기 때문이다.

고통과 질병이 인간을 위해 만들어진 장치라는 것을 인식하지 못하는 사람에게는 저주처럼 느껴질 것이다. 사실 고통과 질병이 없다면 사람은 70년이라는 보편적인 수명도 살아내지 못할 것이다.

사람을 병원에 입원시키든 집에서 요양하게 하든 자연의 목적은 같다. 모든 에너지를 건강 회복에 쓸 수 있도록 일상에서 벗어나게 하는 것이다. 또한, 자연은 우리에게 꼭 필요한 휴식을 주고, 마음의 힘과 그 쓰임새를 발견할 시간을 준다. 아울러 질병의 원인에 대해 깊이 생각하고 명상할 기회도 제공한다. 이를 통해 우리는 질병이 여러 잘못된 행동에서 비롯되었음을 깨달을 수 있다. 일찍이 고통이라는 경고음에 귀 기울였다면 피할 수 있었을 그런 실수들 말이다.

육체적 질병은 분명 축복이다. 따라서 아픈 친구에게 위로 카드를 보내는 대신 축하 카드를 보내는 것이 나을 수도 있다. 이런 식으로 써보면 어떨까?

> 소중한 휴식의 기회라는 행운을 얻게 된 것을 진심으로 축하합니다. 당신에게 무엇이 필요한지를 아는 '시간'이라는 명의가 당신 곁을 지키며 그것을 반드시 얻게 해줄 것입니다.

이런 **긍정적 태도**로 육체적 질병에 대처하면 마음가짐이 어떻게 질병의 원인을 없애는 데 도움이 되는지 알게 될 것이다. 그때 비로소 육체의 고통과 질병이 축복이고 이런 경험 없이는 오래 살기 어렵다는 사실도 깨닫게 될 것이다.

자연은 고통이라는 보편적 언어와 함께 그것을 견디는 방법도 교묘히 마련해놓았다. 인간의 인내력이 한계에 다다르면 무의식 상태에 빠져드는 것이 그 예다. 고통이 감당할 수 없을 정도로 심해지면, 우리는 잠이 들며 무의식 상태가 된다.

고통에는 두 가지 형태가 있다. 하나는 육체적 고통이고, 다른 하나는 마음속에만 존재하는 정신적 고통이다. 대부분의 육체적 고통은 고통에 대한 정신적 반응에 의해 크게 과장된다. 치과 치료를 예로 들면, 환자가 느끼는 고통의 약 10%만이 실제 육체적 통증이고, 나머지 **90%는 정신적 요소**에서 비롯된다. 치과 치료를 받으러 온 환자는 대부분 진료 의자에 앉기도 전에 두려워하며 고통스러워한다. 기술이 발달함에 따라 치과 치료 시 환자들이 느끼는 고통은 과거보다 대폭 감소했다. 하지만 이는 육체적 고통에 국한된다. 한편, 치과 치료와 관련된 정신적 고통을 치유해준 것은 현대 심리학인데, 이 내용은 다음 장에서 자세히 살펴볼 예정이다.

육체적 고통의 극복은 자기 수양을 통해 마음의 평화를 추구하는 사람들에게 큰 과제 중 하나다. 육체적 고통은 **정신적 통제력**을 완벽히 갖출 수 있는 절호의 기회다. 이는 자신의 삶을 원하는 대로 이끌어가기 위해 반드시 해야 할 일이다. 다음 장에서 소개하는 방법으로 식욕을 비롯한 육체적 욕망을 잘 다스리면 육체적 고통에 대한 두려움도 어렵지 않게 극복할 수 있을 것이다.

아메리카 원주민들은 예로부터 육체적 고통을 두려워하지 않았다. 백인이 아메리카 땅에 쳐들어와 원주민 고유의 강인한 정신을 무너뜨리기 전, 원주민은 깊은 상처를 입고도 마치 아무 일도 없다는 듯이 평소처럼 일상을 이어갔다. 원주민의 이러한 태도에서 영감을 받아, 요즘 많은 외과 의사는 특정 수술을 받은 환자에게 수술 후 일상으로 빠르게 복귀할 것을 권한다. 원주민이 그랬듯이 환자가 자연의 치유력을 믿고 이에 현명하게 순응하면 놀라운 회복이 이루어진다는 것을 의사들도 깨달은 것이다.

　미국 남부 산간 지역에 사는 여성들은 출산 다음 날 곧바로 집안일을 하거나 심지어 밭일까지 나간다. 이들에게 출산은 두통이나 감기처럼 대수롭지 않은 일이다. 그저 자연스럽게 받아들일 뿐, <u>육체적 고통에 대한 두려움이라곤 찾아볼 수 없다!</u>

　전쟁 중에는 심하게 다치고도 전투를 이어가는 병사들을 흔히 볼 수 있다. 심지어 전투가 끝날 때까지 고통을 느끼지 못하는 경우도 많다. 생사가 달린 전투의 극심한 압박 속에서 눈앞의 임무에 완전히 정신을 집중해 육체적 고통에 대한 두려움을 초월한 것이다. 하지만 <u>전투가 끝나고 감정 상태가 정상으로 돌아오면 고통이 몰려온다.</u>

　앞서 언급된 사실을 토대로 생각해보면, 자연이 우리에게 놀라운 메커니즘을 부여했다는 사실은 분명하다. 이 메커니즘을 통해 우리는 육체적 고통과 정신적 고통을 초월하고, 어떤 종류의 두려움이라도 극복할 수 있다. 또한, 어떤 성질의 슬픔과 좌절감도 이겨낼 수 있다. 이를 실현할 수 있는 구체적인 방법은 무엇일까? 그 해답은 치과 진료를 위해 마음을 가다듬는 방법을 설명하는 장에 상세히 설명해놓았다.

　40여 년간 성공 과학을 연구하고 전파하는 일에 종사하면서, 나는 거의 모든 유형의 인간 문제를 접하고 다양한 성격의 사람들을 만나

볼 수 있었다. 그들과 긴밀하게 교류하며 깊이 깨달은 한 가지 교훈이 있다. 자신이 선택한 분야에서 진정으로 성공한 **위대한 인재들**은 한결같이 육체적 고통과 정신적 고통에 대한 두려움을 완전히 극복했다는 점이다.

이 사실을 통해 육체적 고통과 정신적 고통에 대한 두려움을 극복하는 능력과 개인의 성공 사이에 직접적이고 중요한 연관성이 있다는 것을 알 수 있다. 이 연관성의 진정한 의미는 무엇일까? 육체적 고통과 정신적 고통을 완전히 극복했다는 것은 마음을 온전히 통제하고 있다는 강력한 증거다. 마음 통제야말로 창조주가 인간에게 부여한 유일무이한 절대적 권한이다. **우리가 완벽히 주관할 수 있는 것, 그것은 오직 마음뿐이다.**

연구를 진행하며 성공과 실패의 원인을 파악하기 위해, 나는 다양한 분야의 사람들을 만났다. 그중 워싱턴 D.C.에서 열린 강연에 참석했던 한 미망인의 이야기가 뇌리에 생생하다. 1차 세계대전에서 남편을 잃은 그녀는 얼마 지나지 않아 중병에 걸려 대수술을 받아야 했다. 첫 수술이 실패하는 바람에 두 번이나 더 수술대에 올라야 했고, 병원비를 마련하려고 집까지 팔아야 했다. 그 때문에 퇴원 후에는 갈 곳이 없었다. 결혼한 두 아들이 있었지만, 며느리들이 그녀를 받아들이지 않았다. 오빠와 언니마저 그녀를 외면해, 수술 후 의지할 곳 하나 없는 처지에 놓이고 말았다.

마침내 그녀가 예전에 다녔던 교회의 목사가 나서서 그녀에게 임시 거처를 제공해줄 이웃을 물색해주었다. 나는 그곳에서 이 놀라운 여성을 처음 만났다. 그녀가 자립할 수 있도록 도와달라는 요청을 받고 갔던 터였다. 물론 봉사라고 생각했기 때문에 비용을 받을 생각은 전혀 없었다. 하지만 무료로 수업을 들으라고 말했을 때, 나는 그녀의 예상치 못한 반응에 깜짝 놀랐다. 정말 인상적인 대답이어서 여기에 그대로 옮겨 공유하고자 한다.

정말 친절하신 분이군요. 하지만 전 세상에 공짜란 없다고 믿어왔습니다. 선생님은 전문가시고, 다른 사람들에게 바르게 살아가는 법을 가르치며 생계를 꾸리시잖아요. 그러니 수업에 참여해 선생님의 지도를 받는 만큼 언젠가는 꼭 돈을 갚겠습니다. 제가 몸도 아프고 마음고생도 많이 한 건 사실입니다. 하지만 저는 아직 포기하지 않고 싸우고 있어요. 이런 힘든 상황에 굴복하지도 않았고요. 지금 당장은 돈이 한 푼도 없지만, 정신만큼은 온전합니다. 주님이 주신 정신력으로 가난에서 벗어나고 모든 두려움도 떨쳐낼 생각이에요.
저는 남편을 잃었습니다. 하지만 같은 처지인 여자들이 수도 없이 많아요. 제가 그분들보다 특별할 건 없습니다. 제가 가장 도움이 필요할 때 자식뿐 아니라 언니 오빠도 손을 내밀지 않았어요. 하지만 그 거절로 더 큰 손해를 본 건 오히려 그들이에요. 도움이 필요한 사람에게 인정을 베풀 소중한 기회를 놓쳐버린 거니까요. 그래도 전 괜찮습니다. 오히려 이 상황이 제가 스스로 다시 일어설 기회를 준 셈이죠. 지금까지 겪은 고통은 헛되지 않았어요. 그 고통 덕분에 정신적으로 더 단단해졌거든요. 이 힘으로 저는 제 삶을 스스로 개척해나갈 수 있을 겁니다. 저를 도와주지 않은 가족을 원망하지 않습니다. 오히려 주님의 가르침을 진정으로 깨달을 좋은 기회를 얻었으니까요. '우리가 우리에게 죄 지은 자를 사하여준 것같이 우리 죄를 사하여주시옵고'라는 말씀처럼 말이에요.

숱한 역경을 겪었지만, 그만한 가치가 있는 보상의 씨앗도 발견했습니다. 마음의 힘을 발견하고 그 힘으로 슬픔과 고통을 다스릴 방법을 터득한 것이죠. 하지만 역경을 통해 얻은 가장 놀라운 보상은 다른 것이었습니다. 육체적 고통이든 정신적 고뇌든, **고통받는 상황이 오히려 주님께 의지하기에 좋은 기회**가 된다는 것을 깨달은 것이죠.

남편을 잃기 전에도 전 교회를 다녔습니다. 하지만 수많은 역경에 부딪히고도 그에 굴하지 않고 견뎌내면서, 저는 진정한 기독교인으로 거듭났습니다. 이제는 '종교를 단순히 믿어야 할 대상으로 받아들이는 게 아니라 제 삶 속에서 실천하며' 살아가고 있어요. 정말이지 놀라운 일이에요! 인생 최악의 고통 속에서, 오히려 저에게 불굴의 정신이 있다는 걸 발견했으니 말입니다. 그러니 이제 아시겠죠? 제가 왜 자식과 혈육에게 원망을 품지 않는지를요. 그들의 무관심이야말로 내면의 힘을 발견하게 해준 가장 큰 계기였답니다.

저는 제 처지를 한탄하지 않습니다. 오히려 제 피붙이들이 안타깝습니다. 도움을 요청할 권리가 있는 저를 도와줌으로써 그들 영혼의 진정한 위대함을 발견할 기회를 스스로 외면했으니까요.

이 여성은 내 강의를 수강하고 성공 과학을 터득했다. 그 후 여성으로서는 유례없이 높은 미국 정부 고위직에 임명되었다. 이어서 그녀는 정부의 여성 직원들을 모아 강의를 시작했다. 자기 결정의 근본 원리에 대한 모든 것을 담아낸 성공 과학을 기반으로, 동료들에게 자신의 내면을 발견하는 방법을 가르쳤다.

이 용감한 여성이 역경과 고난을 겪으며 모든 힘의 근원으로 향하는 길을 발견하기까지는 실로 많은 일이 있었다. 세 번의 큰 수술을 받고, 남편을 잃고, 경제적 기반도 잃었다. 게다가 어려울 때 피붙이들마저 등을 돌렸다. 이 모든 정신적 시련과 육체적 시련을 겪고 나서야 그녀는 자신의 길을 찾을 수 있었다.

그녀는 비참한 상황에서도 '그만한 가치가 있는 보상의 씨앗'을 발견했다. 이는 오로지 그녀가 고통을 대하는 **긍정적 마음가짐** 덕분이었다! 부정적 현실도 축복의 기회로 바꾸는 방법, 즉 모든 인간이 가진 특별한 권리를 찾아낸 것이다.

육체적 혹은 정신적 고통, 실망, 좌절, 슬픔 등의 고난은 양날의 검과 같다. 우리를 위대하게 만들 수도 있고 영원한 실패의 늪에 빠뜨릴 수도 있기 때문이다. 두 가지 중 어느 결과를 맞이할지는 **전적으로 당신의 마음가짐에 달려 있다**. 어떤 이에게는 이런 고난이 걸림돌이 될 수 있다. 하지만 방금 읽은 이야기 속 미망인처럼 다른 이에게는 더 나은 삶으로 나아가는 디딤돌이 될 수 있다.

이 미망인의 이야기에서는 그녀가 특히 좋아하는 기도문을 빼놓을 수가 없다.

> 주님, 저는 과한 물질적 풍요를 바라지 않습니다. 다만 제게 필요한 것들만을 청합니다. 슬픔과 고통을 거두어달라는 것이 아닙니다. 이를 지혜로 바꾸는 방법을 알려주시어 이 땅에서의 큰 계획과 목적에 맞춰 삶을 살아갈 수 있게 해주십시오. 또한, 다른 사람들보다 특별하게 대우해달라는 것도 아닙니다. 다른 사람으로 인해 상처받더라도, 저에겐 용서할 힘을, 그들에겐 후회할 기회를 주소서. 마지막으로, 살면서 어떤 상황을 겪더라도 이해하고 그에 잘 적응할 수 있도록 인도해주시기만을 간절히 바랍니다.

인간 행동을 연구해온 40여 년간, 나는 육체적 고통이나 정신적 고통을 통해 영적 깨달음을 얻은 사람을 무수히 관찰했다.

내가 평생 만난 사람 중 가장 위대한 이를 꼽으라면 나의 의붓어머니라고 답하겠다. 그녀는 말년 대부분을 관절염으로 인한 극심한 고통 속에서 보냈다. 하지만 그런 고통 속에서도 수많은 사람의 삶에 긍정적 영향을 미쳤고, 거기에 그치지 않고 앞으로 태어날 세대까지 포함해 더 많은 사람에게 혜택을 줄 수 있는 일을 시작했다. 그것은 바로 나를 성공의 철학자로 키워내겠다는 인생 프로젝트였다. 그녀는 어린 나를 특별한 방식으로 교육했고, 이 교육 덕분에 나는 훗날 앤드루 카네기로부터 최초의 실용적인 성공 철학을 세상에 전하라는 중요한 임무를 받을 수 있었다.

휠체어 신세를 지지 않았다면, 의붓어머니가 육체적 고통에 시달리는 사람이라는 것을 아무도 눈치 못 챘을 것이다. 그분은 항상 부드러운 목소리로 긍정적 생각만을 말했다. 늘 곁에 있는 사람들을 격려하고 불평 한마디 하는 법이 없었다. 의붓어머니를 알고, 그녀가 육체적 고통을 얼마나 잘 이겨냈는지 이해하는 사람이라면, 치과 치료나 수술에 대한 두려움을 표현하는 것조차 몹시 부끄러워했을 것이다. 육체적 고통에 맞선 의붓어머니의 굳센 정신력, 그것이 그녀를 진정한 위인으로 만들었다. 그녀를 아는 모든 사람이 존경과 사랑을 보냈고, 그녀의 놀라운 자기 절제력은 부러움의 대상이 되기도 했다.

이를 통해 우리는 다시 한번 깨닫게 된다. 육체적 고통을 바라보는 우리의 마음가짐이 모든 것을 결정한다는 것을. 우리는 고통의 노예가 될 수도 있고, 반대로 그 고통을 가치 있는 일로 전환할 수도 있다.

의붓어머니는 자신의 육체적 고통에 매몰되어 세상을 원망하는 대신, 다른 사람, 특히 가족을 돕는 데 마음을 쏟았다. 그렇게 함으로써 고통의 영향을 최소화한 것이다. 자신의 고민이나 어려움에 지나치게 빠져 있거나, 계속해서 그것들을 곱씹는 사람에게 내 의붓어머니의 이야기는 분명 도움이 될 것이다.

해결할 수 없을 것 같은 고민이 있는가? 그렇다면 이 방법을 시도해 보라. 주변에서 당신과 비슷하거나 더 큰 어려움을 겪는 사람을 찾아서 그 사람의 문제 해결을 도와라. 그러면 당신의 부정적 생각이 다른 사람을 돕는 긍정 에너지로 바뀌는 놀라운 일이 일어날 것이다. 그리고 믿기 힘들겠지만, 다른 사람의 문제를 해결하다 보면 어느새 자신의 문제에 대한 해답도 찾게 될 가능성이 아주 크다.

긍정적 마음의 힘은 무적이다. 이 힘으로 우리는 어떤 목표든 이룰 수 있다. 정신적 고통과 육체적 고통을 극복하는 것도 마찬가지다. 다시 한번 강조하지만, 긍정적 마음은 '인생의 열두 가지 위대한 부' 중 첫 번째로 꼽힌다. 그만큼 중요하다는 뜻이다.

다음 장에서는 긍정적 마음을 유지하는 방법을 자세히 설명할 예정이다. 이 방법을 익히고 실천하면, 육체적 고통이든 정신적 고통이든 두려워하지 않게 될 것이다. 아니, 이 세상 **그 무엇도 두렵지 않을 것이다!** 직업이나 삶의 모든 영역에서 자신이 만든 한계에 갇혀 뻔한 삶을 사는 일도 없어진다. 누군가의 도움이 필요 없어질 뿐만 아니라, 오히려 많은 사람에게 도움을 줄 수 있는 위치에 서게 될 것이다.

우리는 대부분 스스로 만든 감옥에 갇혀 평생을 살아간다. 그 감옥에서 벗어날 열쇠를 이미 가지고 있으면서도 그 사실을 모른다. 이 감옥이란 무엇일까? 우리가 자신의 마음속에 세워둔 한계, 또는 다른 사람이 우리에게 정해준 한계를 말한다. 그렇다면 그 열쇠는 무엇일까? 바로 창조주가 우리 모두에게 선물한 능력이다. 이 능력은 우리의 마음을 완전히 통제하고, 그 힘을 이용해 직면한 모든 문제를 해결하며, 꿈꾸는 모든 목표를 이룰 수 있게 해준다.

당신이 이 막강한 특권을 행사하고 마음을 완전히 지배한다면 어떤 것도 두려워하지 않게 될 것이다. 원하는 목표를 향해 나아갈 때 그 어떤 장벽도 당신을 막지 못한다. 그 결과, **성공을 상징하는 모든 것이 당신에게 쉽게, 그것도 넘치도록 따라올 것이다.**

기억하라. 두려움이라는 까마귀가 맴도는 곳에는 깨워야 할 잠든 무언가가 있거나 묻어야 할 죽은 것이 있다. 인생에는 참으로 기묘한 역설이 있다. **개인의 성공을 결정짓는 것은** 좋은 학벌이나 뛰어난 머리가 아니라 오히려 두려움 없는 마음이라는 것이다.

두려움은 그 형태를 막론하고 소명을 이루는 데 가장 큰 걸림돌이다. 그뿐만 아니라 아무리 기도해도 원하는 바를 이루지 못하는 주된 원인도 바로 이 두려움에 있다. 두려움의 반대편에는 신념이 있다. 신념이야말로 우리가 원치 않는 모든 것을 다스리는 통제자이자, 우리가 진정으로 바라는 모든 것을 얻는 수단이다.

육체적 질병에 대한 두려움을 극복할 수 있는 유일한 방법은 우리 마음에 한계가 없다는 사실을 깨닫는 것이다. 우리가 스스로 그어놓은 경계선만이 유일한 제약일 뿐이다.

얼마 전 내 틀니를 만들어준 치과 의사가 다른 환자에게 내 이야기를 들려주었다. 내가 전체 발치 수술을 받았는데도 아파하지도, 불편해하지도 않았다고 말이다. 그 환자는 성직자였는데도 그런 일이 가능한지 의심했다고 했다. 나는 그 이야기를 듣고 '정말 성직자가 맞나?' 하는 의문이 들었다. 보통 성직자라면 **신념이 더해지면 정신력이 무한한 힘을 발휘할 수 있다는 것**을 잘 알기 때문이다. 사실 의사나 치과 의사는 환자가 겪는 고통은 대부분 실제 질병이나 증상이 아니라 두려움 때문에 더 심해진다는 것을 알고 있다.

치과 치료나 수술을 앞둔 환자들이 두려움에서 벗어날 수 있도록 마음가짐을 다스리는 법을 알려주는 이 책을, 의사와 치과 의사들이 가장 반길 것이라 조심스레 예측해본다. 이 책에서 제시하는 조언을 따르는 환자들 덕분에 의료진의 부담이 줄어들 것이고, 환자들 또한 두려움으로 인한 고통에서 벗어날 수 있어 모두에게 도움이 될 것이다.

육체적 고통은 자연이 모든 생명체에게 전하는 보편적 언어다. 하지만 자연은 우리에게 절묘한 보호막도 함께 선물했다. 우리가 고통의 신호를 받아들이되, 그것에 무너지지는 않도록 말이다. 견딜 수 없을 만큼 심한 육체적 고통이 찾아오면, 자연은 우리를 잠들게 한다. 이런 현상은 자연이 모든 것의 균형을 지키며, <u>모든 고통에 대한 치유책을 함께 제공한다는 것을 증명한다.</u>

이런 자연의 원리를 토대로, 의사들은 산모를 '반마취 상태^{twilight sleep}'로 만들어 분만을 유도하는 방법을 개발했다. 이로 인해 출산 과정에서 느끼는 고통에 대한 두려움을 거의 없앨 수 있게 되었다. 이 무통 분만법은 약한 진정제를 주사로 투여하거나 암시요법(일종의 부분 최면)을 사용해 진행할 수 있다.

최면요법을 사용하면 환자의 의식적인 사고를 일시적으로 억제할 수 있다. 이때 의사는 환자의 잠재의식에 직접 지시를 내린다. 이러한 치료법을 통해, 잠재의식에 어떤 지시든 심어줄 수 있다. 육체적 고통이든, 정신적 고통이든, <u>온갖 형태의 두려움</u>을 극복하는 데 필요한 지시라면 무엇이든 가능하다.

최면은 자연이 우리를 정신적 고통과 육체적 고통으로부터 보호하기 위해 마련한 또 하나의 정교한 보호장치다. 또한, 빈곤을 풍요와 번영으로 바꾸는 등 우리가 원하는 목표를 달성하기 위해 마음을 다지도록 돕는 강력한 수단이기도 하다.

우리는 의식하든 의식하지 못하든 항상 자기암시를 하고 있다. 안타깝게도 사람들 대부분은 이 강력한 도구를 무의식적으로 부정적 방향으로 사용한다. 그 결과 빈곤, 질병, 불행, 두려움에 시달리고, 삶의 거의 모든 영역에서 스스로 한계를 만들어버린다. 우리가 <u>바라지 않는 것에 마음을 빼앗기고 그로 인한 불안 속에 자신을 방치할 때</u> 부정적 자기암시가 작용하게 되는 것이다.

긍정적 자기암시는 우리가 바라는 상황과 일에 마음을 집중하는 방식으로 이뤄진다. 이런 긍정적 접근법에 대해서는 다음 장에서 더 상세히 설명할 예정이다. 다행히도 이를 실천하는 방법은 그리 복잡하지 않다. 게다가 우리는 언제든 스스로 이 과정을 통제할 수 있다. 달리 말해, 긍정적 자기암시의 힘은 항상 우리 손안에 있는 셈이다.

두 사람 이상이 완벽한 조화를 이루며 특정 목표를 위해 자기암시를 적용할 때, 종종 기적에 가까울 정도로 놀라운 결과가 나온다. 예컨대 부부가 성적 관계를 맺을 때처럼 말이다.

이 책에는 당신이 잘 활용하면 도움이 될 만한 중요한 원리가 담겨 있다. 그 원리들을 충분히 이해하기를 바라는 마음으로 그중 특히 중요한 다섯 가지를 소개한다.

- **자기암시:** 잠재의식에 원하는 목표를 이루기 위한 지시를 내리는 방법이다. 다음 장에서 자세히 설명하겠지만, 간단히 말해 자기암시는 자신의 욕구에 감정을 실어 자주 반복하는 과정을 통해 이루어진다.
- **생각의 전환:** 어떤 형태, 물질 또는 생각을 다른 것으로 바꾸는 행위다. 예를 들어, 두려움, 불행, 빈곤에 대한 생각을 풍요, 행복, 성공에

대한 생각으로 전환하는 것이다. 가장 강력한 형태의 전환은 어떤 불쾌한 상황이 찾아온대도 '그만한 가치가 있는 보상의 씨앗'을 찾으려 노력할 때 일어난다. 이때 중요한 것은 그 상황에 대해 괴로워하지 않고 발견한 씨앗을 틔우는 데 집중하는 것이다.

• **마스터 마인드**: 특정 목표를 달성하기 위해 두 사람 이상의 마음이 완벽한 조화를 이루며 연합하는 것을 말한다. 가장 강력한 마스터 마인드Master Mind 연합은 부부 사이에서 형성될 수 있다.

• **자기최면**: 최면은 자연이 우리에게 준 기발한 도구다. 이를 통해 우리는 마음을 다스려서 원하는 목표를 달성할 수 있다. 최면을 이용하면 자신의 마음을 완전히 통제할 수 있고, 이를 긍정적이든 부정적이든 원하는 방향으로 이끌 수 있다. 창조주가 인간에게 유일하게 부여한 특권이 바로 이 마음에 대한 통제력이다. 자기암시나 자기최면을 어떻게 받아들이고 활용하느냐에 따라 이 특권은 축복이 될 수도, 저주가 될 수도 있다.

자기최면은 내가 수많은 사람에게 물질적 풍요와 마음의 평화를 안겨주는 데 사용한 주요 기법 가운데 하나이다.

• **잠재의식**: 잠재의식은 우리 뇌의 한 부분으로, 육감 또는 무한한 지혜로 가는 관문 역할을 한다. 이 관문은 다음 장에서 소개할 방법을 통해 어떤 목적으로든 제한 없이 열고 사용할 수 있다. 따라서 우리의 모든 소원과 염원은 반드시 이 잠재의식이라는 관문을 통과해야 이루

어진다고 할 수 있다. 하지만 주의해야 할 점이 있다. 이 관문을 무방비 상태로 열어두면 **다른 사람의 부정적 생각이 우리 마음에 침투할** 수 있다. 그 결과 실패, 걱정, 좌절은 물론 정신적 질병과 육체적 질병까지 초래할 수 있다. 따라서 이 관문은 반드시 신중하게 다루어야 한다.

잠재의식을 통해 작용하는 육감은 생각의 파동을 주고받는 역할을 한다. 비유하자면 송신기인 동시에 수신기인 셈이다. 이 수신기는 끊임없이 다른 사람의 부정적 생각을 감지하기에, 우리는 이런 부정적 영향으로부터 자신을 지켜내야만 한다. 동시에 송신기를 통해 부정적 생각을 내보내지 않아야 하는데, 이는 다른 사람들을 보호하는 일이기도 하다.

우리 자신의 행복을 키우고 다른 사람들도 지키는 가장 좋은 방법은 마음을 긍정적 생각으로 가득 채우는 것이다. 이렇게 하면 부정적 생각이 들어설 틈이 없어진다. 이것은 절대적인 진리다. 우리가 뿌린 생각의 씨앗은 수확의 시기가 되면 반드시 수십 배의 결실로 돌아온다. 그것이 **축복의 열매가 될지, 재앙의 열매가 될지는 우리 선택**에 달렸다.

한 위대한 철학자는 이 심오한 진리를 "당신이 다른 사람에 대해 품는 생각이나 의도는 결국 자신에게 돌아온다."라는 말로 간결하게 표현했다. 다른 사람들이 내보내는 부정적 생각으로부터 자신을 지키는 가장 좋은 방법은 긍정적 생각을 계속 발산해서 부정적 생각을 받아들일 겨를이 없게 만드는 것이다. 이 방법은 매우 실용적이고 **개인이 통제할 수 있으며** 실패 없이 효과를 볼 수 있다.

다른 사람의 부정적 생각은 육감을 통해 우리 마음에 들어올 수 있다. 하지만 이런 부정적 생각도 즉시 긍정적 생각으로 바꾸고, 이 긍정적 에너지를 자기암시를 통해 우리가 원하는 목표와 상황으로 집중시킬 수 있다. 이것이야말로 인간이 발견한 가장 강력한 생각의 전환법이며, 이를 통해 우리는 마침내 자신의 마음을 완벽하게 지배할 수 있게 된다.

자기암시나 자기최면이라는 용어가 어렵게 느껴진다고 피할 필요는 없다. 사실 우리는 인식하든 인식하지 못하든 늘 이 기법들을 사용하고 있다. 그러니 무의식적으로 파괴적 목표를 위해 쓰기보다는, 이 두 기법을 받아들이고 의식적으로 활용해 원하는 목표를 이루는 편이 바람직하다.

이 기법은 양날의 검과 같다. 많은 사람을 실패와 좌절의 늪으로 빠뜨리기도 하지만, 동시에 찬란한 성공과 승리의 문으로 인도하기도 한다. 관건은 이 원리를 제대로 이해한 후 뚜렷한 목표를 가지고 적용하는 것이다.

6장

기적 4

고난에 맞서 싸우면
힘이 솟는다

 '역경'은 자연이 만든 영리한 장치 중 하나다. 이를 통해 자연은 우리가 투쟁하고 확장하고 발전하고 진보하며 강해지도록 이끈다. 이런 역경은 때로 고통스러운 시련이지만, 때로는 값진 경험이 되기도 한다. 이 과정에서 우리는 고난을 극복할 기회를 얻고, 그 기회에 감사함을 느낀다.

 인생은 태어나는 순간부터 죽는 날까지 끊임없이 이어지는 투쟁의 연속이다. 살면서 역경의 종류는 점점 더 다양해지며, 누구도 그것을 피해 갈 수 없다.

 무지에서 벗어나려면 끊임없이 노력해야 한다. 배움은 평생에 걸친 도전이다. 배움은 쌓여가는 것이기에 매일이 시작의 날이다. 지식을 쌓아가는 일은 끝나지 않는 평생의 과업이다.

물질적 부를 쌓는 일에도 치열한 투쟁이 필요하다. 실제로 많은 사람이 필요 이상으로 돈벌이에 집착한 나머지 불안에 시달리고 과도하게 힘을 쏟다 젊은 나이에 목숨을 잃기도 한다.

건강을 유지하려면 우리 몸을 위협하는 수많은 요소와 싸우며 끊임없이 투쟁해야 한다. 먹을 것과 살 곳을 마련하기 위해 애쓰고, 생계를 꾸릴 기회를 얻으려 분투해야 한다. 또한, 일자리를 구하려 발버둥 치며, 전문 분야에서 인정받기 위해 노력해야 한다. 사업을 하는 사람은 망하지 않도록 온 힘을 다해야 한다.

한번 생각해보라. 살아남기 위해 개인의 투쟁을 요구하지 않는 일상의 상황이 과연 존재하는가? 삶의 매 순간, 우리는 생존을 위한 도전에 맞서야 한다.

우리가 겪는 이 불가피한 삶의 고난은 결코 우연이 아니며, 그 속에 우리를 성장시키는 분명한 목표가 숨어 있다. 이 과정을 통해 우리는 더 날카로운 통찰력을 갖추고, 내면의 열정을 불태우며, 흔들리지 않는 신념을 쌓아간다. 또한, 목표를 더욱 선명히 하고, 의지를 강철같이 단련하며, 상상력의 날개를 펼쳐 낡은 생각에 새 생명을 불어넣는다. 이렇게 우리는 **태어날 때부터 품고 있던, 아직 알지 못하는 그 위대한 사명을 향해 한 걸음씩 나아가는 것이다.**

삶의 고난은 우리를 깨어 있게 만든다. 자만과 나태에 빠져 제자리에 머물지 않고, 사명을 향해 끊임없이 전진하고 성장하도록 밀어붙인다. 이를 통해 우리는 지구상 인류의 보편적 목표에 자신만의 방식으로 이바지하게 된다.

육체적 힘이든 정신적 힘이든, 모든 힘은 투쟁을 통해 단련된다!

랄프 왈도 에머슨은 "행동하라, 그러면 힘을 얻으리라."라고 말한 바 있다.

자연은 이렇게 가르친다. "고난에 맞서 싸워 이겨내라. 그러면 네가 필요로 하는 모든 것을 감당할 힘과 지혜를 얻게 될 것이다."

자연은 또 이렇게 말한다. "강한 팔을 원하는가? 그렇다면 1.5킬로그램짜리 망치를 들고 반복적으로 팔을 써라. 얼마 지나지 않아 강철 같은 근육을 갖게 될 것이다. 반대로 강한 팔이 필요 없다면, 팔을 팔걸이 붕대에 묶어 고정하고 아예 쓰지 마라. 힘쓸 이유를 전부 없애버려라. 그러면 팔 힘이 점점 약해지다가 결국 사라지고 말 것이다."

살아 있는 모든 것에게 나태함은 쇠퇴와 죽음을 부른다! 자연은 생존을 위한 투쟁과 변화의 법칙을 통해 우주의 모든 것을 끊임없이 움직이게 한다. 물질을 구성하는 전자와 양성자부터 우주를 떠도는 태양과 행성에 이르기까지, 그 무엇도 단 1초도 멈추지 않는다. "움직여라, 그렇지 않으면 사라질 것이다!" 바로 이것이 자연의 철칙이다. 이 원칙에는 어떤 타협도, 어중간한 상태도 존재하지 않는다. 어떤 이유로도 예외는 없으며, 모든 존재가 이 냉엄한 원칙 앞에 평등하다.

투쟁할 것인가, 소멸할 것인가. 자연은 우리에게 둘 중 하나를 선택하라고 강요한다. 이 진리가 의심된다면, 돈을 웬만큼 모았다며 '은퇴'하겠다는 사람을 살펴보라. 더 이상 분투가 필요 없다고 여겨 삶의 투쟁을 포기한 사람의 말로가 어떻게 되는지를 지켜보라.

가장 튼튼한 나무는 빽빽한 숲의 보호를 받으며 선 나무가 아니다. 오히려 트인 곳에서 바람을 맞으며 혹독한 날씨와 계속 싸워야 하는 나무가 더 강인하다.

내 할아버지는 마차를 만드는 사람이었다. 농작물을 재배하기 위해 땅을 개간할 때마다, 할아버지는 항상 참나무 몇 그루를 열린 들판에 남겨두었다. 그곳에서 나무들이 비바람을 고스란히 맞으며 단단해질 수 있도록 말이다. 나중에 할아버지는 이 나무들을 잘라 마차 바퀴 테두리를 만드는 데 사용했다. 이 목재는 구부려서 호 모양으로 만들어도 부러지지 않았다. 할아버지는 숲에 둘러싸여 보호받은 나무에서는 당신이 원하시는 목재를 얻을 수 없다는 것을 알고 계셨다. 그런 나무들은 고난을 겪을 필요가 없었기 때문에 너무 물렀고 쉽게 부서졌다. 이는 삶의 시련에 부딪혀본 적 없는 나약한 사람들이 쉽게 좌절하는 이유와 다르지 않다.

사람들은 대체로 가능한 한 쉬운 길을 택한다. 하지만 사람들은 모르고 있다. **강물이 저항이 적은 곳으로 흐르며 구불구불해지듯, 사람도 도전을 피하고 쉬운 선택만 하다 보면 결국 바르지 못한 길을 걷게 된다**는 사실을.

투쟁에는 고통이 따르기 마련이다. 하지만 자연은 그 대가로 힘과 지혜를 선물한다. 실제 경험을 통해 얻은 이 보상에는 <u>고통을 뛰어넘는 가치</u>가 있다.

성공 과학을 연구하며 나는 중요한 사실을 발견할 수 있었다. 어떤 분야에서든 두각을 나타낸 리더들은 한결같이 정상에 오르기까지 겪은 고난의 크기만큼 성공을 거두었다는 것이다. 이는 직업이나 전문 분야, 삶의 영역을 막론하고 예외 없이 적용되었다.

유사 이래 중대한 위기의 순간마다 지도자로 선택된 사람들을 살펴보니 흥미로운 점이 있었다. 고난의 시험을 뼈저리게 겪지 않은 인물이 단 한 명도 없었다는 사실이다.

동굴인(동굴 속에서 생활하던 구석기 시대의 인류를 통틀어 이르는 말.—옮긴이) 시대부터 현재에 이르기까지, 문명의 역사를 꼼꼼히 들여다보면 한 가지 사실을 깨닫게 된다. 바로 문명이 끊임없는 투쟁의 산물이라는 점이다. 그렇다, 투쟁은 우리를 변화의 법칙에 순응하게 해 우주의 큰 그림을 완성하려고 창조주가 마련한 장치임이 분명하다.

스스로 노력하여 필요를 해결하지 않고 정부가 베푸는 혜택에만 의지하려는 마음가짐을 품으면, 그 순간부터 쇠퇴와 정신적 타락의 길로 들어서는 것이나 다름없다. 한 국가의 국민 대다수가 <u>투쟁을 통해 스스로 삶을 개척할 타고난 권리</u>를 포기하면, 그 국가 전체가 몰락의 소용돌이에 빠져 결국 멸망할 수밖에 없다. 역사가 이를 분명히 보여준다.

국가가 제공하는 재정적 지원에 의지해 살겠다는 생각을 넘어 그것을 당연히 요구하는 사람은 이미 정신적으로 죽은 것이나 다름없다. 생물학적으로는 살아있대도 그저 빈 껍데기일 뿐이며, 남은 인생에도 희망이 없다. 물론 이는 사지가 멀쩡한 사람 가운데서 무관심하거나 게을러서 변화의 법칙과 투쟁의 욕구를 통해 성장하기를 포기한 사람을 두고 하는 말이다.

20여 년간 나는 세계 최초로 실용적인 성공 철학을 만들어내기 위해 숱한 난관과 씨름해야 했다. 처음에는 이 성공 철학을 만들어내는 데 필요한 지식을 쌓느라 고군분투했고, 그다음으로는 철학을 체계화하는 데 필요한 연구를 하는 동안 생계를 꾸려나가기 위해 안간힘을 썼다. 하지만 진짜 시련은 그 후에 찾아왔다. 나 자신과 내 철학이 세상의 인정을 받기까지, 나는 더 큰 역경과 맞서 싸워야 했다.

20년이라는 긴 시간 동안 한 푼의 수입도 없이 투쟁하며 버티다 보면 누구라도 낙담하기 쉽다. 하지만 이는 수없이 많은 사람에게(그중 상당수는 내가 이 일을 시작했을 때 태어나지도 않은 사람이었다) 혜택을 줄 철학의 완성을 위해 내가 치러야 할 대가였다.

그렇다고 내가 낙담하며 비탄에 잠겼을까? 전혀 아니다. 과업에 쏟아부은 노력에 걸맞은 성공과 승리가 뒤따라올 것을 나는 처음부터 알고 있었다. 이런 희망이 있었기에 나는 결코 낙담하지 않았다. 오히려 내가 쏟아부은 땀과 노력의 가치를 세상이 인정해주는 모습에 깊이 감동했다.

그뿐만 아니라 나는 고난을 통해 생각보다 더 큰 선물을 받았다. 내 **영혼 깊숙한 곳**을 들여다보게 되었고 내 안에 **무한한 힘**이 잠들어 있다는 놀라운 사실을 발견한 것이다. 원하는 그 어떤 일도 해낼 수 있게 해주는 힘이었다. 그 힘은 내 안에 숨어 있었지만 나조차 그 존재를 알지 못했었다. 오직 고난을 겪으며 싸워나가는 과정에서만 발견할 수 있는 무한한 가능성이었다.

투쟁을 거치며 나는 앞서 말한 보이지 않는 여덟 명의 안내자를 발견했다. 또한, 이들의 마법적인 힘을 찾아냈고 활용하는 법까지 터득했다. 이 보이지 않는 친구들은 내 몸과 마음, 경제적인 부분까지 전부 돌봐주며, 내가 깨어 있을 때나 잠들어 있을 때나 쉼 없이 나를 위해 일한다.

오랜 투쟁을 통해 나는 우주의 보편 법칙을 발견했다. 이는 모든 습관을 형성하고 자연의 법칙을 주관하는 근본 원리다. 이 법칙 덕분에 마침내 나는 내 고난의 경험을 세상과 나눌 준비를 할 수 있었다.

고난과 씨름하며 깨달은 진리가 있다. 창조주는 인류에 중대한 공헌을 할 인물을 택할 때 반드시 고난을 안겨주는 시험을 거친다는 것이다. 그 인물은 장차 맡게 될 임무의 중요성에 걸맞은 시련을 겪는다. 그러니까 나는 이런 고된 과정을 겪으며 창조주의 법칙과 의도 그리고 그분의 계획이 나와 인류 전체에 어떤 의미를 지니는지를 이해하게 되었다.

고난에서 이보다 더 큰 혜택을 얻을 수 있을까?

다른 어떤 것으로부터 이보다 더 값진 보상을 얻을 수 있을까?

삶의 기적 중 네 가지만 간략하게 훑어봤는데, 이것은 시작에 불과하다. 자연이 펼쳐놓은 경이의 계곡을 탐험하다 보면 우리는 더욱 놀라운 기적들과 마주하게 될 것이다.

지금까지 살펴본 내용만으로도 중요한 진실을 분명 깨달을 수 있다. 우리의 삶을 스치는 모든 순간, 모든 상황에는 숨겨진 선물이 있다. 우리가 완전히 통제할 수 있는 상황이든, 아니면 우리의 마음가짐으로만 대응할 수 있는 상황이든, 모든 경험에는 우리를 성장시키는 선한 의미가 담겨 있다.

앞으로 이어지는 장들을 통해 우리의 여정을 계속 이어나가려면 생각의 폭을 넓힐 필요가 있다. 그러다 보면 불쾌하게 여겼던 상황도 사실은 창조주가 우리의 운명을 위해 세운 원대한 계획의 한 조각일 수 있음을 깨닫게 될 것이다. 이 장에서 내가 하고 싶은 말은 좁은 시야를 틔우자는 것이다. 눈앞의 일에만 매몰되지 말고, **삶에서 진정으로 중요한 개념을 폭넓게 바라보고 받아들일 수 있는 안목**을 키워야 한다.

진정한 마음의 평화는 삶의 큰 그림을 볼 줄 아는 눈에서 비롯된다. 우리가 이 물질세계에 던져진 것은 우연이 아니다. 우리의 의지와는 상관없이 아무런 준비도 없이 이 세상에 왔지만, 그것은 개인의 즐거움과 욕망을 넘어선 훨씬 원대한 목적을 위해서다.

삶의 원대한 목적을 이해하게 되면, 당신은 삶의 여정에서 겪어야 하는 고난의 경험을 받아들이고 그 경험을 기회의 순간으로 여기게 될 것이다. 또한, 이를 통해 현재보다 더 높은 차원의 존재로 나아갈 준비를 하게 될 것이다.

7장

기적 5

가난은 풍요로운 삶으로 가는 디딤돌이다

NAPOLEON HILL

'가난'은 부정적 마음가짐이 빚어낸 결과다. 살면서 누구나 한 번쯤은 이런 부정적 마음가짐을 품게 된다. 일곱 가지 기본적인 두려움 가운데 첫 번째이자 가장 파괴적인 것이 바로 가난이다. 하지만 이는 단지 마음의 상태일 뿐이며, 다른 여섯 가지 두려움과 마찬가지로 우리가 통제할 수 있는 대상이다.

가난한 환경에서 태어난 사람은 대부분 그것을 **어쩔 수 없는 숙명처럼 받아들이고** 평생 그 굴레에서 벗어나지 못하고 살아간다. 이런 현실을 보면 가난이 얼마나 삶에 큰 영향을 미치는지 알 수 있다. 어쩌면 가난은 창조주가 우리 중에서 강자와 약자를 가려내려고 시험하는 도구일지도 모른다. 가난을 극복한 사람은 물질적으로 부유해질 뿐 아니라 **정신적으로도 풍요로워지고 삶의 지혜도 터득**하게 되기 때문이다.

내가 관찰한 바로는 가난을 극복한 사람들은 예외 없이 특별한 재능, 즉 자신의 앞길을 가로막는 걸림돌을 모두 이겨낼 수 있다는 강한 믿음을 지닌 사람들이었다. 반면에 가난을 피할 수 없는 운명으로 받아들인 사람들은 여러 면에서 나약한 모습을 보였다. 한 가지는 확실하다. 가난을 피할 수 없다고 여긴 사람 중에 창조주가 모든 사람에게 나눠 준 정신력이라는 위대한 선물을 제대로 활용한 사람을 나는 본 적이 없다.

우리는 살아가면서 여러 상황 속에서 시험을 겪게 된다. 이런 시험을 통해 우리가 창조주의 위대한 선물, 즉 자신의 정신력을 완전히 통제할 수 있는 능력을 받아들이고 활용했는지가 명백히 드러난다. 내 경험상 이 선물을 외면하고 사용하지 않으면 반드시 그에 따른 대가가 따른다. 하지만 이 선물을 받아들이고 제대로 활용하면 확실한 보상이 주어진다.

이 선물을 제대로 활용할 때 주어지는 중요한 보상 중 하나는 일곱 가지 기본적인 두려움과 그 밖의 모든 사소한 두려움으로부터 완전히 벗어날 수 있다는 점이다. 그리고 이러한 두려움이 있던 자리를 '신념'이라는 마법 같은 힘이 온전히 채우게 된다.

이 위대한 선물을 받아들이고 활용하지 않는 대가는 실로 엄청나다. 일곱 가지 기본적인 두려움뿐만 아니라 그 외에도 여러 부담을 떠

안게 된다. 이 위대한 선물을 활용하지 못한 데 따른 주요 대가 중 하나는 바로 **마음의 평화를 절대로 얻을 수 없다**는 점이다.

가난에는 장점도 많다. 하지만 이는 가난을 피할 수 없는 것이라 믿고 순응하거나 맞서 싸울 가치가 없다고 여기는 게으른 태도에서 벗어나 긍정적 마음가짐으로 가난을 대할 때에만 해당하는 이야기다. 가난은 창조주가 우리의 지적 능력을 향상시키고, 열정을 불러일으키고, 주도권을 가지고 행동하게 하며, 살아남기 위해 우리를 가로막는 어려움과 단호히 맞서 싸우게 하려는 계획일 수 있다.

또한, 가난은 우리가 자신의 내면을 들여다보고 진정한 자아를 발견하게 하려는 창조주의 도구일 수도 있다. 미국처럼 땅덩이가 넓고 기회가 많은 나라에서는 건전한 정신을 가진 사람이 가난의 굴레에 갇힐 이유가 전혀 없다. 이곳은 세상 그 어느 곳보다도 개인의 자유가 꽃피는 무대다. 여기서 우리는 각자의 의지로 삶을 빚어나갈 수 있는 위대한 권리를 받아들이고 활용할 최고의 기회를 얻는다. 또한, 이곳에서는 그 누구도 상상할 수 없을 만큼 다양한 동기가 주어져 이 위대한 선물을 받아들이고 활용할 수 있다. 이런 사고방식을 통해 얻는 혜택은 너무나 커서, 말 그대로 '자신의 운명을 스스로 결정할' 힘을 가질 수 있을 정도다.

운명의 여신이 가난하게 태어난 사람에게 미소를 짓는다는 강력한 증거가 있다. 바로 금수저를 물고 태어난 사람이 세상을 더 나은 곳으로 만드는 의미 있는 일을 하는 경우가 정말 드물다는 사실이다. 부잣집 아이들은 대부분 가난이나 어려움을 겪어보지 못해서 '정신적으로 연약하게' 자란다. 또한, 자신을 쓸모 있는 사람으로 만들어갈 끈기나 동기부여가 부족한 경우도 많다.

행운의 여신은 정말 부자인 사람들은 까다롭게 골라 미소짓는다. 주로 다른 사람들에게 도움이 되는 일을 해서 돈을 번 사람을 좋아한다. 부모에게서 막대한 재산을 물려받았거나 나쁜 짓으로 돈을 번 사람들은 제외한다. 행운의 여신은 특히 부정한 방법으로 얻은 모든 재물을 못마땅히 여기는데, 그런 돈은 이상하게도 흔적도 없이 사라져 버리곤 한다.

가난이 저주가 될지 축복이 될지는 전적으로 우리가 가난을 대하는 태도에 달렸다. 어쩔 수 없는 약점으로 순순히 받아들이면 정말 그렇게 된다. 하지만 가난을 극복하고 정복해야 할 도전으로 여긴다면 축복이 된다. 실로 인생의 큰 기적 중 하나가 되는 것이다. 가난은 우리의 발목을 잡는 걸림돌이 될 수도 있고, 우리가 원하는 곳까지 딛고 올라갈 수 있는 디딤돌이 될 수도 있다. 이는 온전히 우리가 가난을 **어떤 마음가짐**으로 대하고 어떻게 대처하느냐에 달려 있다.

가난과 부는 모두 마음가짐에서 비롯된다! 우리가 주로 하는 생각이 그대로 현실이 되어 나타난다. 가난을 생각하면 가난한 현실이 찾아오고, 부를 생각하면 부유한 현실이 찾아온다. 머릿속 모든 생각을 그와 닮은 현실로 바꿔놓는 '끌어당김의 법칙' 때문이다. 이 위대한 진리는 왜 사람들 대다수가 평생 불행과 가난을 겪을 수밖에 없는지를 설명해준다. 그들은 마음속에 불행과 가난에 대한 두려움을 품고, 주로 이런 상황만 생각한다. 그러면 이 끌어당김의 법칙이 발동해서 그들이 예상한 그대로의 현실을 만들어버리는 것이다.

어릴 적 가난에 관한 강렬한 연설을 들은 적이 있는데, 그 연설은 내 마음에 깊은 인상을 남겼다. 비록 가난 속에서 태어나 가난 말고는 아무것도 모르고 자랐지만, 이 연설을 듣고 나는 가난을 극복하겠다고 결심했다. 그 연설이란, 의붓어머니가 초라하고 형편없는 우리 집을 떠맡아 살림을 꾸려나간 지 얼마 안 되었을 때 들려준 말씀이었다.

내용은 다음과 같다.

우리가 집이라 부르는 이곳은 지금 우리 모두에게 수치스러운 곳이자 아이들의 발목을 잡는 걸림돌이에요. 우리는 모두 건강하고 일할 능력이 있는 사람들이죠. 그런데 왜 가난을 받아들여야 하죠? 이 궁핍한 상황이 단지 우리의 게으름과 무관심 때문이라는 걸 알면서 말이에요. 우리가 이대로 여기 머물며 현재의 열악한 상황을 그냥 받아들인다면, 우리 아이들도 자라면서 이런 환경을 당연하게 여길 거예요. 난 가난이 싫어요. 지금까지 한 번도 가난을 내 운명으로 받아들인 적 없고, 앞으로도 절대 그러지 않을 거예요! 지금 당장은 가난을 벗어나기 위해 어떻게 첫걸음을 떼야 할지 알 수 없어요. 하지만 이것만은 확실히 알죠. 시간이 얼마나 걸리든 그리고 어떤 희생을 치르든 우리는 반드시 성공할 거라는 걸요. 나는 우리 아이들이 좋은 교육을 받게 하고 싶어요. 하지만 그보다 더 중요한 건, 아이들의 가슴에 **가난을 이겨내겠다는 야망**을 심어주는 거예요. 가난은 질병과도 같아요. 게다가 우리 몸속에 한번 들어오면 쉽사리 고쳐지지 않는 고질병이 되어버리죠. 가난하게 태어난 것 자체는 부끄러운 일이 아니에요. 하지만 가난을 바꿀 수 없는 숙명으로 받아들이는 건 분명 수치스러운 일이에요. 우리는 역사상 가장 부유하고 위대한 나라에 살고 있어요. 여기서는 모두에게 기회가 열려 있죠. 그 기회를 알아보고 붙잡을 야망만 있다면 누구에게나 말이죠. 우리 가족만큼은, 설령 기회가 우리를 향해 손짓하지 않는다 해도 **스스로 기회를 만들어나가야** 하지 않을까요? 가난은 서서히 퍼지는 독과 같아요! 서서히 자유에 대한 열망을 없애고, 더 나은 삶을 누리고자 하는 야망을 앗아가며, 개인의 주도성도 무너뜨리죠. 게다가 가난은 건강 악화에 대한 두려움, 비난받는 것에 대한 두려움, 육체적 고통에 대한 두려움 등 온갖 두려움으로 사람의 마음을 물들이죠. 우리 아이들은 아직 어려서 가난을 운명으로 받아들이는 것이 얼마나 위험한지 몰라요. 하지만 나는 반드시 아이들에게 이런 생각이 얼마나 위험한지 깨우쳐줄 거예요. 그리고 아이들이 잘살 수 있다는 믿음을 가지고 그것을 이루는 데 필요한 노력도 마다하지 않도록 할 거예요.

기억을 더듬어서 인용했지만, 의붓어머니가 아버지와 결혼한 직후 내 앞에서 아버지께 한 말의 요지를 그대로 담았다. 의붓어머니는 고심 끝에 아버지에게 루이빌 치과대학에 입학하라고 용기를 불어넣으면서 '첫걸음'을 떼었다. 의붓어머니는 전남편의 사망 보험금으로 아버지의 학비를 대며 아버지에게 치과 의사의 길을 열어주었다.

치과 의사가 된 아버지의 벌이를 바탕으로, 의붓어머니는 자신이 데려온 세 자녀와 내 동생의 대학 교육비를 댔고, 그들 모두에게 가난에서 벗어날 발판을 마련해주었다.

의붓어머니는 내 인생에서도 결정적인 역할을 했다. 그녀의 가르침 덕분에 앤드루 카네기로부터 다른 어떤 작가도 받지 못한 특별한 기회를 얻었다. 이 기회를 통해 나는 탁월한 업적을 이룬 500명 이상의 인물들과 협업할 수 있었고, 그들과 함께 세상에 실용적인 성공 철학을 전할 수 있었다. 이 성공 철학은 협력자들이 평생 쌓아온 실전 경험에서 우러나온 지혜를 담고 있다. 그야말로 그들의 '성공 비결'을 담은 철학인 셈이다.

내가 개발한 성공 철학은 전 세계 수많은 사람에게 이로움을 선사했다고 평가받는다. 하지만 이 업적의 공은 가난을 과감히 거부하며 나에게 감명 깊은 연설을 들려준 의붓어머니에게 돌아가야 마땅하다.

역설적이게도, 가난은 때로 우리를 움직여 원대한 목표를 계획하고 성취하게 만드는 자극제가 되기도 한다. 의붓어머니는 가난을 두려워하지 않았다. 다만 가난을 싫어했고 받아들이기를 거부했다. 신기하게도 창조주는 <u>자신이 원하는 것과 원하지 않는 것을 분명히 아는 사람</u>들의 편을 들어주는 듯하다. 의붓어머니가 바로 그런 사람이었다. 만약 그녀가 가난을 운명으로 받아들이고 두려워하기만 했다면, 지금 당신이 읽고 있는 이 글은 결코 쓰이지 않았을 것이다.

가난은 값진 경험이다. 하지만 가난을 경험하되 그것에 무릎 꿇지 않고, 자유와 자립에 대한 의지가 꺾이기 전에 반드시 극복해내야 한다. 가난을 한 번도 겪어보지 못한 사람은 어쩌면 안타까운 존재일 수도 있다. 가난을 겪고 그것을 운명으로 받아들인 사람은 더욱 딱한 존재다. 부정적 생각으로 자기 자신을 영원한 속박에 가둔 셈이기 때문이다.

역사상 진정으로 위대하다고 평가받는 인물 대부분이 가난을 겪었다. 하지만 그들은 단순히 가난을 겪는 데 그치지 않았다. 가난을 마주하고, 거부하고, 극복해 결국 자유를 쟁취했다. 이런 과정이 없었다면 그들은 결코 위대한 인물로 성장할 수 없었을 것이다. 살면서 원치 않는 것을 운명처럼 받아들이는 사람은 진정한 자유를 누리지 못한다. 창조주는 모든 사람에게 자신의 운명을 결정할 수 있는 능력을 나눠 주었다. 이는 곧 자신이 원하지 않는 것에서 벗어날 수 있는 특권이다.

가난은 큰 축복이 될 수 있지만, 평생의 저주가 될 수도 있다. 어느 쪽이 될지는 전적으로 가난을 대하는 마음가짐에 달려 있다. 만약 가난을 더 열심히 노력해서 성장할 기회로 받아들인다면 가난은 축복이 된다. 하지만 피할 수 없는 장애물로 여긴다면 영원한 저주로 작용할 것이다.

가난에 대한 두려움은 여러 연관된 두려움을 함께 몰고 온다. 특히 육체적 고통과 정신적 고통에 대한 두려움도 여기에 포함된다.

죽어서 지옥에 간 한 남자의 이야기가 있다. 지옥 입장 심사를 받는 동안 사탄이 "네가 가장 두려워하는 것이 무엇이냐?"라고 물었다. 그러자 남자는 "난 아무것도 두렵지 않소."라고 대답했다.

그러자 사탄이 "그렇다면 여기는 네가 있을 곳이 아니다. 여기는 **두려움에 사로잡힌 사람들만 오는 곳이니까**."라고 대꾸하며 남자를 돌려보냈다고 한다.

생각해보라! 두려움이 없는 사람은 지옥에 갈 일이 없다는 뜻이다.

'두려움'이라는 단어를 들을 때마다 내 머릿속에는 매스뮤추얼 생명보험사의 루벤 다비Reuben Darby가 들려준 이야기가 떠오른다. 어린 시절 그의 삼촌은 메릴랜드 농장에서 제분소를 운영했는데, 그곳에는 흑인 소작농 가족이 살고 있었다. 어느 날 그 흑인 가족의 열 살배기 아이가 농장 주인에게 50센트를 받으러 제분소로 내려왔다.

농장 주인은 하던 일을 멈추고 고개를 들어 멀찌감치 서 있는 흑인 아이를 보더니 퉁명스럽게 "무슨 일이냐?"라고 물었다. 아이는 그 자리에 꼼짝하지 않고 선 채로 "엄마가 50센트를 받아오라고 하셨어요." 라고 대답했다.

그러자 주인은 얼굴을 찌푸리며 위협적인 어조로 "말도 안 되는 소리! 어서 집으로 돌아가지 않으면 회초리로 혼쭐을 내줄 테다."라고 거칠게 쏘아붙였다. 그러고는 아이를 무시한 채 하던 일을 계속했다.

잠시 후 그가 다시 고개를 들어보니, 아이는 여전히 그 자리에 서 있었다. 화가 난 주인이 나무 막대기를 집어 들고 아이를 향해 휘두르며 으름장을 놓았다. "당장 내 눈앞에서 사라지지 못하겠냐? 어서 돌아가지 않으면 내가 이걸로 혼내줄……." 하지만 그는 말을 끝내지 못했다. 바로 그때 아이가 재빨리 그의 앞으로 달려와 얼굴을 쳐들고는 터질 듯한 목소리로 소리쳤기 때문이다. "우리 엄마한테 50센트 꼭 갖다 줘야 한다고요!"

주인은 천천히 나무 막대기를 내려놓고 주머니를 뒤적여 50센트를 꺼낸 다음 아이에게 건넸다. 아이는 순식간에 돈을 낚아채고 뒷걸음질 쳐 문 쪽으로 갔다. 그리고 문을 열자마자 마치 사냥꾼을 피해 도망가는 사슴처럼 쏜살같이 달아났다. 주인은 입을 떡 벌린 채 그 자리에 얼어붙었다. 자신의 영토에서는 상상조차 할 수 없는 일이 벌어진 것이다. 흑인 아이가 감히 <u>자신을 굴복시키고 원하는 것을 얻어 달아나 버린 이 황당한 사건</u>을 그는 도저히 이해할 수 없었다.

두려움은 용기로 바뀔 수 있다. 그 흑인 아이가 이 사실을 가장 설득력 있게 증명해냈다.

마찬가지로 가난도 풍요로운 삶과 눈부신 성취로 탈바꿈할 수 있다. 의붓어머니는 우리 가족을 가난과 절망에서 구해내며 이 사실을 놀라운 방식으로 보여주었다. 또한, 자신의 마음을 온전히 다스리고 명확한 목표를 향해 나아가는 사람은 가난의 노예가 될 필요가 없으며, 나아가 원치 않는 어떤 상황의 희생양이 되지 않아도 된다는 것을 가르쳐주었다.

가난과 부유함의 차이는 단순히 돈이나 재물로만 잴 수 없다. 세상에는 열두 가지의 위대한 부가 존재하는데, 그중 열한 가지는 물질적인 것이 아니라 우리가 활용할 수 있는 정신적인 힘과 밀접하게 연관돼 있다. 가난을 부로 바꾸는 방법을 더 잘 이해하기 위해 이 열두 가지 위대한 부에 대해 간략히 알아보도록 하자.

인생의 열두 가지 위대한 부

각 항목을 읽고, 당신이 상/중/하 중 어디에 해당하는지 표시해보라.

♣ 긍정적 마음가짐 (상/중/하)

긍정적 마음가짐이 열두 가지 위대한 부 중 첫 번째로 꼽히는 이유는 분명하다. 물질적이든 그렇지 않든 모든 부는 마음가짐에서 시작되기 때문이다. 마음가짐이야말로 우리가 절대적이고도 양도할 수 없는 지배력을 행사할 수 있는 유일한 영역이다. 마음가짐은 '끌어당기는 힘'을 지니고 있어서 우리가 마음속에 품은 모든 두려움, 욕망, 의심, 믿음을 눈에 보이는 형태로 만들어낸다. 또한, 기도가 부정적 결과를 가져올지 긍정적 결과를 가져올지 결정하는 요인이기도 하다. 그러므로 긍정적 마음가짐이 인생의 모든 위대한 재산 목록 중 가장 중요하다고 해도 그리 놀랄 일은 아니다.

♣ 건강한 육체 (상/중/하)

건강은 '건강에 대한 의식'에서 시작된다. 이는 질병을 걱정하기보다는 건강을 증진하는 데 집중하는 마음가짐에서 비롯된다. 여기에 적절히 절제된 식습관과 균형 잡힌 육체 활동이 더해진다. 긍정적 마음가짐을 유지하는 것은 인류가 알고 있는 탁월한 건강 관리법 중 하나다. 이 방법이 '위대한' 이유는 스스로 통제할 수 있고 언제든 원하는 방향으로 이끌 수 있기 때문이다.

☘ 조화로운 인간관계 (상/중/하)

인생의 열두 가지 위대한 부 중 하나로 꼽히는 조화로운 인간관계에는 두 가지 형태가 있다. 바로 자기 자신과의 조화 그리고 다른 사람과의 조화다. 가장 먼저 내면의 조화를 이루어야 한다. 이를 위해서는 두려움을 극복하고, 긍정적 마음가짐을 유지하며, 인생의 큰 목표를 세우고, 그것을 달성하겠다는 굳건한 신념을 쌓아야 한다. 마음속에 안정과 평온함이 자리 잡으면 다른 사람들과도 조화로운 관계를 맺을 수 있다. 인간관계에서의 갈등은 대개 내면의 혼란과 좌절, 두려움과 의심 때문에 생긴다. 이런 부정적 마음 상태가 다른 사람에게 그대로 투영되어 결국 조화로운 관계를 방해하기 때문이다.

다른 사람과의 조화는 자신과의 조화에서 시작된다. 셰익스피어William Shakespeare가 "너 자신에게 진실하라. 그러면 밤이 낮을 따르듯 너는 누구에게도 거짓되지 않을 것이다."라고 말했던 것처럼, 자신에게 충실한 삶을 사는 사람에게는 풍성한 보상이 주어진다.

☘ 두려움으로부터의 해방 (상/중/하)

두려움에 사로잡힌 사람은 결코 풍요롭지도 자유롭지도 못하다. 두려움은 불행의 전조다. 또한, 창조주가 인간에게 선물한, 마음을 완전히 다스리고 원치 않는 모든 것을 거부할 능력을 모욕하는 행위다. 자신이 얼마나 두려움으로부터 자유로운지를 판단하고 싶다면, 내면을 깊숙이 들여다보고 일곱 가지 기본적인 두려움 중 어느 하나라도 숨어 있지 않은지 철저히 점검해야 한다. 이 일곱 가지 두려움을 신념으로 전환하면, 당신은 마침내 마음을 완전히 지배하는 단계에 도달하게 된다. 마음을 완전히 지배함으로써, 당신은 삶에서 원하는 모든 것을 얻을 수 있고, 동시에 <u>**원치 않는 것을 거부할 힘**</u>이 생긴다. 두려움으로부터 해방되지 못한다면 다른 열한 가지 인생의 재산도 무용지물이 되고 말 것이다.

다음 장에서는 질병과 육체적 고통에 대한 두려움을 극복하는 방법을 설명할 것이다. 이 방법을 적용하여 질병과 육체적 고통에 대한 두려움을 정복하라. 그런 다음 같은 방식으로 나머지 여섯 가지 기본적인 두려움까지 차례차례 극복해나가도록 하자.

✤ 성공을 향한 희망(상/중/하)

믿음은 모든 마음 상태 중 가장 위대한데, 그 믿음의 토대가 되는 것이 바로 희망이다! 희망은 위기의 순간을 견디게 하는 힘이다. 희망이 없다면 두려움이 그 자리를 차지한다. 아직 이루지 못한 꿈이나 목표의 성공을 믿는 기대감에서 오는 가장 깊은 행복, 그 근원이 바로 희망이다. 미래를 바라보며 자신이 꿈꾸는 사람이 될 수 있다는 희망, 원하는 위치에 오를 수 있다는 희망, 과거에 이루지 못한 목표를 달성할 수 있다는 희망, 이런 희망을 품지 못하는 사람을 보면 정말이지 안타깝다. 희망은 우리의 영혼을 깨어 있게 하고, 자신을 위해 능동적으로 행동하게 만든다. 또한, 희망은 신념이 무한한 지혜와 연결될 수 있는 소통의 길을 열어주며, 삶의 다른 열한 가지 재산을 더욱 빛나게 만든다.

✤ 신념의 힘(상/중/하)

신념은 우리의 의식과 무한한 지혜의 원천을 이어주는 다리다. 인간의 마음이 정원이라면 삶의 모든 풍요를 키워낼 수 있는 비옥한 토양이 신념인 셈이다. 신념은 우리의 생각에 창조적인 힘과 행동력을 부여하는 '영원한 생명의 묘약'과도 같다. 신념은 영혼에 활기를 불어넣는 생명력으로, 이 힘에는 어떤 한계도 없다. 신념은 기도와 만날 때 더욱 빛을 발한다. 이 둘이 합쳐지면 무한한 지혜와 직접 연결되는 통로가 열린다. 평범한 생각도 신념의 힘을 빌리면 더 높은 차원의 영적인 에너지로 승화할 수 있다. 결국, 신념은 무한한 지혜의 힘을 우리가 활용할 수 있게 해주는 단 하나의 열쇠인 셈이다.

❤ 축복을 나누는 마음 (상/중/하)

축복을 다른 사람과 나누는 고귀한 기술을 터득하지 못한 사람은 진정한 행복의 길을 찾지 못한 것이다. 행복은 주로 가진 것을 공유하고 받은 축복을 나눌 때 찾아온다. 다른 사람들의 마음속에 당신이 차지하는 자리는 당신이 베푸는 나눔의 크기에 정확히 비례한다는 점을 명심하라. 또한, 모든 부는 다른 사람들에게 도움이 되도록 나눌 때 더욱 빛나고 불어날 수 있다는 점도 잊지 말아야 한다. 자신이 받은 축복을 나누는 일을 소홀히 하거나 거부한다면, 그것은 자신 내면과의 연결을 스스로 끊어버리는 꼴이다. 한 위대한 스승은 "너희 중 가장 위대한 자는 모든 이의 종이 되는 자다."라고 말했다. 또 다른 철학자는 "형제의 배가 강을 건너도록 도와라. 그러면 너의 배도 강 건너편에 다다를 테니."라고 강조한 바 있다. 그리고 "남을 위해 하는 모든 행동은 결국 자신을 위한 것이다."라고 역설한 철학자도 있었다.

❤ 사랑의 노동 (상/중/하)

자신이 사랑하는 일을 찾아 그 일에 온 힘을 다해 몰두하는 사람만큼 진정으로 부유한 사람은 없다. 사랑의 노동은 인간의 욕구가 가장 높은 형태로 표현된 행위이기 때문이다. 노동은 인간의 모든 필요를 충족시키는 연결고리이고, 모든 인류 발전의 선봉장이며, 인간의 상상력에 날개를 달아 현실로 구현하게 하는 도구다. 사랑의 노동은 그 노동을 수행하는 사람에게 자아 표현의 기쁨을 가져다주기에 신성하다. 우리가 가장 좋아하는 일을 해야 삶이 풍요로워지고 영혼이 빛난다. 또한, 사랑의 노동은 주변 모든 사람에게 희망과 신념 그리고 용기를 불어넣는 영감의 원천이 된다. 사랑하는 일에 온 마음을 다해 집중하는 것, 그것이야말로 우울함과 좌절, 두려움을 날려버리는 가장 강력한 치료제다. 더불어 육체적 건강을 다지는 데도 그 어떤 것과 비교할 수 없는 효과를 발휘한다.

♧ 만물을 포용하는 열린 마음 (상/중/하)

포용력은 문화의 고귀한 특성 중 하나로, 어떤 사람 그리고 어떤 주제든 늘 열린 마음으로 대하는 사람만이 발휘할 수 있다. 열린 마음을 유지하는 사람만이 진정한 교육을 받은 사람이라고 할 수 있으며, 이런 사람만이 인생의 열두 가지 위대한 부를 품고 활용할 준비가 되었다고 할 수 있다. 닫힌 마음은 우리와 무한한 지혜 사이의 소통 경로를 차단하고 축소한다. 마음이 열려 있을 때만 우리는 끊임없이 배우며 살아갈 수 있다. 이렇게 얻은 지혜로 자신의 정신을 완전히 통제하고 원하는 목표를 향해 의지대로 이끌어갈 수 있다.

♔ 자기 절제 (상/중/하)

자기 자신조차 다스리지 못하는데, 어찌 다른 것들을 지배할 수 있을까? 자신을 잘 다스리는 사람만이 '자기 운명의 주인'이 되고, '자기 영혼의 선장'이 될 수 있다. 엄청난 부를 쌓거나 세상의 찬사를 받을 때야말로 진정한 자기 절제가 빛을 발하는 순간이다. 많은 사람이 성공의 절정에서 자만에 빠지지만, 진정으로 위대한 사람은 그 순간에도 겸손의 미덕을 잃지 않는다. 이것이야말로 가장 고귀한 형태의 자기 절제다.

자기 절제는 우리가 마음을 완전히 지배하고 원하는 목표를 향해 나아가게 하는 수단이다.

♔ 인간에 대한 이해심 (상/중/하)

인간에 대한 풍부하고 깊이 있는 이해력을 가진 사람은 인간이 모두 같은 뿌리에서 나왔기 때문에 근본적으로 비슷하다는 것을 인정한다. 인간의 행동은, 그것이 선하든 악하든 삶의 아홉 가지 기본 동기 중 하나 이상에서 비롯된다. 삶의 아홉 가지 기본 동기는 (1)사랑의 감정 (2)성적 욕구에 대한 감정 (3)물질적 이득에 대한 욕망 (4)자기 보존에 대한 욕망 (5)육체와 정신의 자유에 대한 갈망 (6)인정받고 자신을 표현하려는 욕구 (7)사후에도 생명을 이어가려는 갈망 (8)분노의 감정 (9)두려움의 감정(일곱 가지 기본적인 두려움 참조)이다.

다른 사람을 이해하려는 사람은 먼저 자신을 이해해야 한다. 자신을 행동하게 만드는 동기가 같은 상황에서 다른 사람들을 움직이는 동기이기 때문이다.

다른 사람을 이해하는 능력은 모든 우정의 근간이며, 사람들 간의 조화와 협력의 기초다. 따라서 이해심은 우호적인 협력을 요구하는 모든 형태의 리더십에서 가장 중요한 토대가 된다. 심지어 다른 사람을 이해하는 능력이 우주와 창조주의 위대한 계획을 이해하는 데 중요한 열쇠라고 믿는 사람도 있다.

자신에 대해 깊이 이해할 때, 다른 사람의 마음도 더 잘 읽을 수 있다.

✤ 경제적 안정(돈)(상/중/하)

열두 가지 위대한 부의 마지막 항목이지만 중요도로 따지면 절대 다른 항목에 뒤지지 않는다. 돈은 눈에 보이는 형태의 부를 뜻할 수도 있고, 경제적 안정을 든든히 받쳐줄 지식이라고 할 수도 있다. 경제적 안정은 단순히 돈을 가졌다고 해서 이루어지 않는다. 경제적 안정은 다른 사람에게 제공하는 서비스를 통해 얻어진다. 유용한 서비스는 반드시 돈으로 환산되지 않더라도 인간의 다양한 필요를 충족시킬 수 있기 때문이다.

헨리 포드가 경제적 안정을 이룬 것은 단순히 그가 엄청난 돈을 벌어들여서가 아니다. 진짜 이유는 따로 있다. 그는 수많은 사람에게 돈을 벌 수 있는 일자리를 제공했을뿐더러, 그보다 더 많은 사람에게 자동차라는 믿을 만한 교통수단을 제공했다. 바로 이것이 포드가 진정한 경제적 안정을 이룬 비결이다.

성공 과학을 완벽히 익히고 실천하는 사람들은 부를 창출하는 비결을 터득해 흔들리지 않는 경제적 안정을 누린다. 물론 돈을 다 써버리거나 잘못된 판단으로 잃을 수도 있다. 하지만 이것이 그들의 경제적 안정까지 앗아가지는 못한다. 그들은 돈의 근원을 알고 있고, 그 근원에 어떻게 접근해 이익을 얻을 수 있는지 알기 때문이다.

당대 최고의 부자였던 앤드루 카네기는 성공 과학을 체계화하는 데 후원을 아끼지 않았다. 돈을 모으는 비결을 모두가 알아야 한다고 믿었기 때문이다. 카네기는 말년에 10억 달러에 육박하는 엄청난 재산 대부분을 사회에 환원했다. 하지만 세상을 떠나기 얼마 전에 나와 대화를 나누며 이렇게 말했다.

"나는 재산 대부분을 대중에게 돌려줬어. 하지만 그 돈은 내가 세상에 남기는 진정한 유산에 비하면 아주 작은 걸세. 자네에게 맡긴 '성공의 비결', 그걸 세상 사람들에게 전해주면 돈보다 훨씬 더 값진 선물이 될 거야. 그 지식이야말로 내가 남기는 최고의 보물이지."

이제 당신은 인생의 열두 가지 위대한 부의 대척점인 빈곤에 대해 알게 되었다. 그 부 가운데 열한 가지는 누구나 가질 수 있다는 점에서 희망적이다. 이를 받아들이고 실천하는 사람은 자연스럽게 열두 번째 재산인 돈도 끌어들일 수 있을 것이다.

이것이 바로 가난을 인생의 열두 가지 위대한 부로 전환할 수 있는 길이다.

열두 가지 위대한 부를 받아들여 당신의 일상에서 실천해보라. 그러면 당신도 성공의 길을 걷게 될 것이다. 성공이란 결국 이 열두 가지 축복을 손에 넣는 것 이상도 이하도 아니기 때문이다.

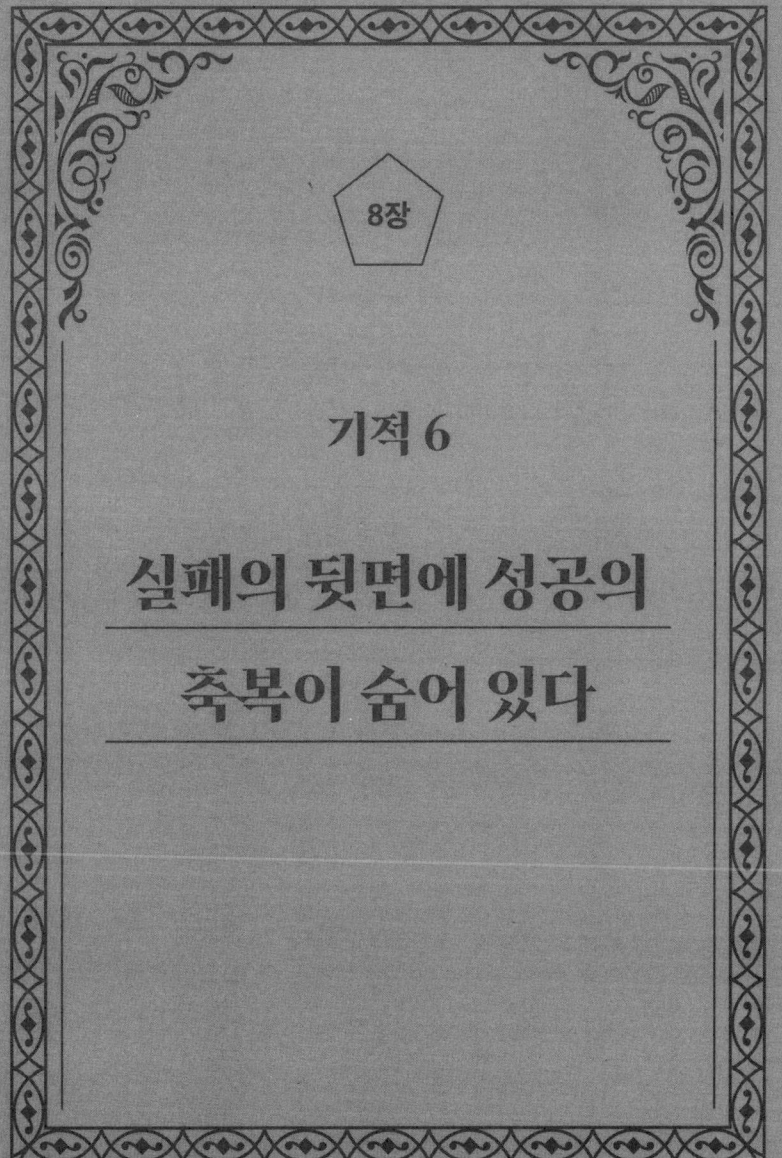

8장

기적 6

실패의 뒷면에 성공의
축복이 숨어 있다

 '실패'는 탈을 쓰고 몰래 찾아오는 축복일지도 모른다. 끝까지 밀어붙였다면 망신을 당하거나 심하면 완전히 파멸했을지도 모를 애초의 목표를 포기하게 하기 때문이다. 실패는 새로운 기회의 문을 열어주고, 시행착오를 겪으며 현실을 제대로 깨닫게 해주기도 한다. 또한 때때로 효과 없는 방법을 걸러내며, 허영심 강한 사람들의 자만을 깨부순다.

 1781년 찰스 콘월리스Charles Cornwallis 경이 이끄는 영국군의 패배는 미국 식민지에 자유를 주었지만, 제1차와 2차 세계대전에서 대영제국이 완전히 무너지는 것을 막았다고 볼 수 있다.

 남북전쟁으로 노예를 잃은 남부의 경제적 몰락은 얼핏 보면 재앙 같았다. 하지만 이 실패는 여러 방면에서 그만한 가치가 있는 보상의 씨앗을 뿌렸다.

- 노예를 잃은 남부인은 직접 일할 수밖에 없었고, 이를 통해 개인의 주도성을 키워나갔다.
- 남부의 여성도 직업 전선으로 뛰어들 수밖에 없었다. 그들은 일터에서 남성과 어깨를 나란히 하며 경제적 독립성을 획득했다.
- 결국 미국 산업은 노동력, 원자재, 연료, 기후 조건이 더 유리한 남부로 빠르게 이동했다. 남부인의 진취적인 태도 덕분에 큰 변화가 일어났다. 그들은 북부인을 향한 오랜 적대감을 버리고 대신 남부의 장점을 북부 산업에 적극적으로 어필하기 시작했다.

알렉산더 그레이엄 벨은 청각 장애가 있는 아내를 위해 기계식 보청기를 만들고자 수년간 연구에 매달렸다. 그는 본래의 목표를 이루지 못했지만, 연구 과정에서 장거리 전화의 비밀을 발견할 수 있었다.

1920년경 라디오가 인기를 얻기 시작했을 때, 빅터 토킹머신 컴퍼니는 위기감에 휩싸였다. 라디오 때문에 축음기 사업이 망할 것 같았기 때문이다. 하지만 이 회사의 수석연구원은 <u>**라디오의 근본적인 작동 원리에서**</u> 축음기 기술을 개선할 방법을 찾아냈다. 이 혁신적인 발견 덕분에 축음기 수요가 폭발적으로 늘었고, 회사는 전에 꿈꾸지도 못했던 대성공을 거뒀다.

토머스 에디슨은 입학한 지 얼마 되지도 않았을 때 초등학교에서 쫓겨나면서 처음으로 크게 좌절을 겪었다. 그의 선생은 에디슨의 부모에게 에디슨이 교육을 받을 상태가 아니라는 평가서를 보냈다. 이 일로 에디슨은 큰 충격을 받았지만, 이를 계기로 스스로 학습에 매진했고, 결국 위대한 발명가가 되는 데 필요한 지식을 쌓았다.

또한 에디슨의 청각 장애를 두고 어떤 사람들은 큰 실패라고 여겼을지도 모른다. 하지만 그는 장애를 받아들이는 과정에서 육감을 통해 '내면의 소리'를 듣는 능력을 키웠다. 이런 특별한 능력이 있었기에 그는 발명가로서 자연이 숨겨둔 수많은 비밀을 하나둘 풀어낼 수 있었다.

어릴 때 어머니를 잃으면 보통 큰 불행으로 여긴다. 하지만 내게는 다른 결과를 가져왔다. 의붓어머니가 빈자리를 채워주셨는데, 그분의 영향력은 정말 대단해서 내 인생의 방향이 바뀌는 결과를 낳았다. 의붓어머니 덕분에 나는 특별한 사명을 얻었고, 그 결과 다르게 살았더라면 꿈꾸지도 못했을 만큼 많은 사람에게 도움을 줄 수 있게 되었다.

백만장자였던 큰아버지가 세상을 떠났을 때 나는 큰 상실감에 빠졌다. 내 이름은 큰아버지의 이름을 따서 지어졌는데 유산을 한 푼도 받지 못했기 때문이다. 하지만 훗날 그의 유언장에 내 이름이 쓰이지 않은 것을 감사히 여기게 되었다. 그 결과 내 힘으로, 내가 주도적으로 가난을 극복할 수밖에 없었고, **그렇게 함으로써 다른 사람들에게 가**

난을 이겨내는 방법을 가르칠 수 있었기 때문이다.

당신이 선택한 상황에서 실패했다면 그 원인을 깊이 들여다보라. 그러면 모든 실패가 그만한 가치가 있는 보상의 씨앗을 품고 있다는 놀라운 진실을 발견하게 될 것이다. 실패가 곧장 이익을 안겨주는 것은 아니다. 단지 씨앗만을 제공할 뿐이다. 이 씨앗은 우리가 직접 찾아내고, 싹을 틔우고, 열매 맺게 해야 한다. 그 과정에는 주도성, 창의력 그리고 확고한 목표의식이 필요하다.

대개는 두 다리를 쓸 수 없게 되면 인생의 치명적인 좌절로 여길 것이다. 하지만 프랭클린 루스벨트Franklin D. Roosevelt는 이런 상황을 다르게 받아들였다. 오히려 이를 계기로 보조기구를 사용해 앞으로 나아가겠다는 굳은 의지를 키워나갔다. 결과적으로 그는 다리의 장애를 극복하고 훌륭한 성취를 이뤄냈다. 그의 마음가짐이 관건이었다. 자신의 장애를 바라보는 마음가짐 덕분에 그는 불편함을 최소화할 수 있었다.

에이브러햄 링컨의 삶은 실패의 연속이었다. 상인, 측량사, 군인, 변호사로서 번번이 좌절을 맛봤다. 하지만 이러한 좌절은 뜻밖에도 그의 잠재력을 새로운 길로 인도했고, 그는 끝내 미국 역사상 가장 위대한 대통령이 되었다.

나 또한 경력 초반에 스무 번도 넘는 쓰라린 실패를 겪었다. 하지만 이 연이은 실패가 오히려 내 삶의 방향을 바꿔놓는 계기가 되었다. 실패의 교훈 덕분에 나는 결국 내가 가장 잘할 수 있는, 다른 사람들에게 진정으로 도움이 되는 분야를 찾아 갈 수 있었다.

클래런스 손더스Clarence Saunders는 식료품 상점의 별 볼 일 없는 점원이었다. 그는 점원으로 일하는 동안 이렇다 할 성과를 내지 못했다. 하지만 그 좌절의 경험에서 떠오른 아이디어 하나로 4년 만에 무려 400만 달러의 수익을 올렸다. 그 아이디어가 바로 '피글리 위글리Piggly-Wiggly' 셀프서비스 상점이었다. 이는 고객이 직접 물건을 고르는 새로운 방식의 상점이었다. 이 혁신적인 개념은 큰 반향을 일으켰고, 현재 미국 전역에서 광범위하게 운영되는 셀프서비스 상점의 시초가 되었다(피글리 위글리 이전의 전통적인 식료품점은 '카운터 서비스counter service' 방식으로 운영되어, 점원이 고객의 요청에 따라 선반에서 물건을 꺼내 주는 구조였다.—옮긴이).

건강에 문제가 생기면 사람들은 자연스럽게 육체적 측면에서 벗어나 정신적 측면에 더 주목하게 된다. 이 과정에서 우리 몸의 진짜 '주인공'은 정신이라는 놀라운 사실을 깨닫게 된다. 건강을 잃으면서 평소에는 미처 보지 못했던 정신의 힘과 가능성을 발견하게 되는 것이다.

위스콘신주 포트 앳킨슨에 살던 마일로 C. 존스는 농사로 겨우 생계를 유지하며 살았다. 그러다 마비가 찾아와 온몸을 전혀 쓸 수 없게 되었다. 하지만 이런 불행 속에서도 그는 자신에게 정신이 있다는 것 그리고 몸이 움직이지 않아도 정신력만으로 무한한 잠재력을 발휘할 수 있다는 놀라운 사실을 깨달았다. 이 깨달음을 바탕으로 그는 새로운 아이디어를 떠올렸다. 바로 어린 돼지로 소시지를 만드는 것이었다. 그는 이 제품에 '리틀 피그 소시지Little Pig Sausage'라는 이름을 붙여 팔았고, 결국 백만장자가 되는 놀라운 성공을 이뤄냈다.

존스는 건강하고 육체적으로 온전했을 때 부를 얻는 방법을 발견하지 못했다. 이러한 존스의 상황은 우리에게 깊이 생각해볼 거리를 제공한다. 그것은 바로 위대한 힘을 가진 변화의 법칙이다. 변화의 법칙은 그를 완전히 꼼짝 못 하게 만들어 육체노동으로만 생계를 꾸리던 오래된 방식을 버리게 했다. 결국, 존스는 자신의 두뇌 능력이 육체의 힘에 비할 수 없을 만큼 강력하다는 것을 깨닫게 되었다.

그렇다, 자연은 우리에게서 타고난 권리와 축복을 무턱대고 빼앗지 않는다. 대신 어떤 형태로든 그만한 가치를 지닌 가능성을 제공한다. 마일로 C. 존스의 경우가 여기 딱 들어맞는다.

실패는 축복일 수도, 저주일 수도 있다. 그것은 우리가 실패에 어떻게 대응하느냐에 달려 있다. 실패를 운명의 손길이 다른 방향으로 가라고 가리키는 신호로 여기고 그 신호에 따라 행동한다면, 그 경험은 틀림없이 축복이 된다. 하지만 실패를 자신의 약점을 드러내는 것으로 받아들이고 그것을 곱씹다가 열등감에 빠진다면, 그때는 저주가 되고 만다. 결국, 실패의 본질을 결정짓는 것은 바로 **실패에 대한 대응**이다. 실패를 마주했을 때 그것을 새로운 기회의 신호로 볼 것인가, 아니면 좌절의 원인으로 볼 것인가는 전적으로 당신의 선택에 달렸다.

누구나 언젠가는 실패를 경험할 수 있다. 모든 사람은 살면서 여러 번 실패를 맛본다. 하지만 우리 각자에게는 자신이 원하는 방식으로 실패에 대응할 수 있는 특권과 수단이 있다.

우리 삶에는 어쩔 수 없는 상황이 있고, 그로 인해 실패를 겪기도 한다. 하지만 그 실패를 어떻게 받아들이고 대응할지는 온전히 우리의 선택이다. 어떤 어려운 상황이나 외부 요인도 우리가 실패로부터 배우고 성장하는 것을 방해할 수 없다.

실패는 우리 약점을 정확히 파악할 수 있게 해주는 도구이다. 그리하여 실패를 통해 우리는 자신의 부족한 점을 명확히 알게 되고, 그것을 개선할 기회를 얻는다. 이런 점에서 실패는 언제나 축복이라 할 수 있다.

실패는 대개 두 가지 방식으로 당신에게 영향을 미친다. 더 큰 노력을 기울이게 만드는 도전 과제가 되기도 하고, 아니면 당신을 위축시키고 좌절하게 만들어 다시 시도하는 것을 포기하게 하기도 한다.

사람들은 대부분 실패의 그림자만 봐도 희망을 버리고 도망친다. 실패가 그들을 덮치기도 전에 말이다. 또 상당수는 단 한 번의 실패만 겪어도 포기해버린다. 하지만 리더의 자질을 지닌 사람은 결코 실패에 굴하지 않는다. 오히려 실패를 발판 삼아 더 높이 도약한다. 당신에게 리더가 될 잠재력이 있는지 알고 싶다면, 실패를 겪은 후 어떤 행동을 취하는지 자세히 관찰해보라. 당신의 대응이 무엇보다 확실한 단서가 될 것이다.

어떤 일을 하다가 세 번이나 실패하고도 포기하지 않고 계속 도전한다면, 당신은 그 분야의 리더 '기대주'라고 볼 수 있다. **만약 열두 번이나 실패하고도 꿋꿋이 도전을 이어간다면, 당신 안에 천재성의 씨앗이 움트고 있다는 뜻이다.** 이 씨앗에 희망과 신념이라는 햇살을 듬뿍 쏟아붓는다면, 그 씨앗이 자라나 위대한 성취로 꽃피는 모습을 목격하게 될 것이다.

자연은 이따금 우리를 시험하듯 무자비한 역경으로 쓰러뜨린다. 우리 중 누가 **다시 일어나 투지를 불태울지** 알아보려는 듯이 말이다. 이 혹독한 시험을 통과한 사람들, 바로 그들이 운명의 선택을 받는다. 그리고 그들은 인류의 운명을 좌우할 중대한 과업에서 선두에 서게 된다.

실패를 겪을 때마다 이 점을 명심하라. 모든 실패와 역경 속에는 그만한 가치가 있는 보상의 씨앗이 숨어 있다. 지금 당신이 서 있는 바로 그 자리에서 그 씨앗을 발견하고 행동으로 싹을 틔워라. 그리하면 **당신이 그것을 실패로 인정하기 전까지 실패는 실제로 존재하지 않는다**는 놀라운 진실을 깨닫게 될 것이다.

마일로 C. 존스가 자신의 전신 마비를 영원히 회복할 수 없는 치명타로 받아들였대도 아무도 그를 탓하지 못했을 것이다. 오히려 자연스럽고 당연한 반응이라고 생각했을 것이다. 하지만 그는 자신의 장애를 긍정적으로 받아들였고, 결과적으로 그의 정신력은 더욱 강해졌다. 그의 대응, 바로 그것이 이 역경을 뒤집은 결정적 요소였다. 긍정적 마음가짐이 가져온 결과는 실로 놀라웠다. 전에는 상상조차 못 했던 엄청난 부를 손에 넣었으니 말이다.

소위 실패는 대부분 일시적인 좌절에 불과하다. 따라서 긍정적 마음가짐으로 대응한다면 값을 매길 수 없을 만큼 귀중한 자산으로 바꿀 수 있다.

인생은 태어나는 순간부터 죽는 날까지 우리에게 끊임없이 도전장을 내민다. 그 도전장에는 실패 앞에 좌절하지 말고 이를 극복하라고 쓰여 있다. 끝까지 노력해 도전에 성공한 사람들에게, 인생은 넘치는 풍요와 강한 정신력을 선사하며 아낌없이 보상한다.

실수를 저지르고 일시적인 패배를 겪더라도, 그것을 있는 그대로 받아들이고 계속해서 도전하는 사람을 세상은 너그럽게 용서한다. 하지만 **어려움에 직면했을 때 쉽게 포기하는 죄는 절대 용서받지 못한다!**

'승리하는 자는 결코 포기하지 않고, 포기하는 자는 결코 승리하지 못한다!'

제2차 세계대전에서 일본이 패배한 것은 오히려 그들에게 승리의 디딤돌이 되었다. 그 패배로 인해 일본인은 자신들을 옭아매던 낡은 사상과 체계에서 벗어났다. 또한, 일본은 민주주의를 받아들여 문명국 대열에 합류할 기회를 얻었다.

인간의 모든 도전과 노력을 살펴보면, 자연은 묘하게도 실패를 모르는 '바보'의 편을 들어주는 듯하다. 이런 사람들은 실패의 가능성 따위는 생각지도 않은 채 무모할 정도로 앞으로 나아가면서 '불가능한 그 일'을 해치워버린다.

헨리 P. 카이저Henry P. Kaiser는 원래 제대로 된 배를 만들어본 적이 없었다. 하지만 제2차 세계대전이라는 위급한 상황에서 기존의 조선소가 공급할 수 있는 양보다 훨씬 더 많은 배가 필요해졌고, 이런 상황에서 카이저는 과감히 도전장을 내밀었다. 넘치는 열정과 굳은 신념으로 배를 만들기 시작했고, 그 성과는 업계 베테랑들을 '훨씬 앞지르는' 수준이었다. 역대 최고의 생산량을 기록했고, 동시에 비용을 전례 없이 낮췄다.

'불가능하다'고 말하는 사람은 결국 그 일을 해내느라 바쁜 사람의 발밑에 깔리고 만다. **성공하는 사람은 우주의 법칙을 이해하고 그 흐름에 적극적으로 동참한다.** 그렇게 자신을 우주의 법칙에 맞춰가면서 실패를 피해 간다. '불가능하다'고 말하는 사람은 자연의 법칙을 제대로 이해하지 못한 사람이다.

한 늙은 광부가 있었다. 그는 30년 동안 값진 광물을 찾아 헤맸지만, 번번이 실망과 절망만 맛봤다. 그러던 어느 날 불행이 찾아왔다. 그가 믿고 의지하던 노새가 두더지 굴에 빠져 다리가 부러진 것이다. 결국, 광부는 그 자리에서 노새를 총으로 쏴 안락사시켜야 했다. 그런데 노새를 묻을 구덩이를 파던 중 뜻밖의 일이 벌어졌다. 세상에서 가장 큰 구리 광맥을 발견한 것이다!

운명은 좌절의 순간에도 굴하지 않고 끈기 있게 도전을 이어가는 사람에게 이처럼 극적인 방식으로 보상을 내린다.

우리는 항상 명심해야 한다. 이 현실적인 세계에서 **우리의 한계란 오직 스스로 설정한 것이거나, 다른 사람이 우리에게 씌운 족쇄일 뿐**이라는 사실을.

그러니 이제부터라도 기억하자. 어떤 경험도 그것을 실패로 받아들이기 전까지는 실패라 불릴 수 없다. 또한, 오직 그 경험을 직접 겪은 사람만이 그것을 실패라 부르거나 다른 이름을 붙일 권리가 있으며, 다른 사람의 판단은 아무런 의미가 없다.

실패의 54가지 주요 원인

1. 명확한 목표 없이 상황에 떠밀려 살아가는 습관
2. 태어날 때부터 불리한 신체적 유전
3. 다른 사람의 일에 지나치게 관심을 두는 성향
4. 뚜렷한 인생 목표의 부재

5. 불충분한 교육

6. 자기 절제력 부족(일반적으로 과식, 과음, 성적 방종, 자기 발전을 위한 기회에 대한 무관심 등으로 나타난다)

7. 평범함을 넘어서겠다는 야망 부족

8. 잘못된 사고방식, 부적절한 식단, 운동 부족으로 인한 건강 악화(하지만 헬렌 켈러Helen Keller처럼 불치병에도 불구하고 다른 사람들에게 봉사한 사람들도 있다는 것을 기억하라)

9. 어린 시절의 부정적 환경에서 받은 영향(성격의 주요한 기본 요소는 7세쯤에 확립된다고 알려져 있다)

10. 시작한 일을 끝까지 해내지 못하는 습관

11. 습관처럼 굳어진 부정적 사고방식

12. 감정 조절 능력 부족

13. 노력 없이 무엇인가를 얻으려는 욕망(주로 도박 습관으로 나타난다)

14. 신속하고 확실한 결정을 내리지 못하거나 결정을 지키지 못함

15. 일곱 가지 기본적인 두려움 중 하나 이상을 지님

16. 잘못된 결혼 상대자 선택

17. 사업 및 직업적 관계에서의 지나친 신중함

18. 모든 면에서의 신중함 부족

19. 사업 및 직업적 관계에서 잘못된 동료 선택

20. 직업 선택의 실수 또는 선택 자체를 하지 않음

21. 주어진 시간에 당면한 과제에 집중하지 못함

22. 예산 통제 없이 무분별하게 지출하는 습관

23. 시간을 효율적으로 사용하지 못함

24. **절제된 열정의 부족**

25. **편협함**(특히 종교적·정치적·경제적 주제와 관련하여 무지나 편견에 기반한 폐쇄적인 마음)

26. 다른 사람과 조화롭게 협력하지 못함

27. 실력에 바탕을 두지 않은 권력이나 부의 소유

28. 충성해야 할 대상에 대한 충성심 부족

29. 통제되지 않는 자만심과 허영심

30. 사실에 근거하지 않고 의견을 형성하고 계획을 세우는 습관

31. 유리한 기회를 포착할 만한 비전과 상상력 부족

32. 의무적으로 해야 하는 일 외에 추가적인 노력을 기울이지 않으려는 태도

33. 다른 사람으로 인해 입은 실제 또는 상상 속의 피해에 대한 복수심

34. 저속하거나 불경한 언어를 사용하는 습관

35. 다른 사람의 일에 대해 부정적 험담을 하는 습관

36. 정부의 법적 권위에 대한 반사회적인 태도

37. 무한한 지혜의 존재에 대한 불신

38. 긍정적 결과를 가져오도록 기도하는 방법에 대한 지식 부족

39. 자신에게 필요한 경험을 해본 다른 사람의 조언을 활용하지 못함

40. 빚을 제때 갚지 않거나 채무 관리에 소홀한 태도

41. 거짓말하거나 진실을 과도하게 수정하는 습관

42. 불필요한 비판을 하는 습관

43. 상환 능력을 초과한 과도한 부채

44. 필요 이상의 물질적 소유에 대한 탐욕

45. 선택한 목표를 달성하는 데 필요한 자신감의 부족

46. 알코올 중독이나 마약 중독

47. 과도한 흡연(특히 연달아 담배를 피우는 습관)

48. 계약이나 법적인 문제에서 스스로 법률 전문가 행세를 하려는 습관

49. 불필요한 위험을 감수하면서 다른 사람의 보증을 서는 습관

50. 해야 할 중요한 일을 제때 처리하지 않고 계속 뒤로 미루는 습관

51. 불쾌한 상황을 해결하려고 하지 않고 도망치는 습관

52. 자기 말만 하고 다른 사람의 의견을 경청하지 않는 태도(말하는 동안에는 아무 것도 배우지 못하지만, 다른 사람의 말을 들을 때는 항상 무언가를 배울 수 있다)

53. 다른 사람의 호의를 받기만 하고 보답하지 않는 습관

54. 사업 및 직업적 관계에서의 고의적인 기만 행위

실패의 원인 54가지를 꼼꼼히 들여다보며 스스로 점검해보라. 모든 항목에 '양호' 표시를 할 수 있다면, 당신이 실패에 무너질 일은 좀처럼 없을 것이다. 게다가 모든 것을 정신력으로 잘 통제하고 있다는 뜻

이므로 치과 치료나 외과 수술도 걱정할 필요가 없을 것이다.

자체 점검이 끝난 후에는 다른 사람에게 이 목록으로 당신을 평가해달라고 요청해보는 것도 도움이 될 것이다. 당신을 잘 아는 사람 그리고 당신에게 거리낌 없이 솔직한 의견을 줄 수 있는 용기 있는 사람에게 부탁해보라. 다른 사람의 눈으로 스스로를 바라보는 경험을 할 수 있을 것이다.

9장

기적 7

슬픔이 영혼으로 향하는 문을 열어준다

NAPOLEON HILL

　슬픔을 원하는 사람은 아무도 없다. 하지만 슬픔은 인간을 겸손하게 만들고 다른 사람과 어울리는 법을 가르쳐주는 자연의 효과적인 장치 중 하나다.
　크나큰 슬픔을 겪어본 사람은 자신과 의견이 다르거나 자신에게 상처를 준 사람들을 비난하고 싶은 충동이 들 때 일반적인 반응과 반대로 행동하곤 한다. 그는 비난하는 대신 조용한 목소리로 이렇게 읊조린다. "신이시여, 우리 모두를 불쌍히 여기소서!" 이런 사람을 만나면 우리는 본능적으로 고귀한 존재와 함께 있음을 느끼지 않을 수 없다.
　슬픔은 영혼을 깨우는 묘약이다. 슬픔을 겪어보지 못한 사람은 영혼의 존재조차 인식하기 어렵다. 슬픔이 없다면 인간은 지금도 하등 동물과 같은 수준에 머물러 있었을 것이다. 슬픔은 육체적 존재로서의 인간과 그의 영적 잠재력 사이에 놓인 장벽을 무너뜨린다.

슬픔은 낡은 습관을 허물고, 그 자리에 새롭고 더 나은 습관을 채워 넣는다. 이는 슬픔이 자연이 설계한 장치임을 암시하는데, 자연은 이를 통해 우리가 안주와 자만에 빠지지 않도록 한다.

나 또한 단 한 번이었지만 감당하기 어려운 아픔을 겪은 후 내 영혼으로 가는 길을 발견했다. 나는 그 길을 걸으며 슬픔을 겪지 않았다면 결코 알지 못했을 자유를 얻었고 이 책을 쓸 수 있는 원동력까지 얻었다.

슬픔은 가장 위대한 감정인 사랑과 밀접하게 맞닿아 있다. 재난의 시기에 슬픔은 우정의 정신으로 사람들을 하나로 모으고, 서로를 보살피는 것이 기쁨임을 깨닫게 한다.

슬픔은 가난의 괴로움을 누그러뜨리고 풍요로움의 의미를 더욱 빛나게 한다!

슬픔의 경험을 통해서만 드러나는 풍요로움은 영향력이 막대하고 그 범위도 넓어서 일일이 헤아릴 수조차 없다. 슬픔을 느끼는 능력 자체가 그 사람의 영적 깊이를 보여주는 증거다. 슬픔을 느낄 수 있다면 영혼에 깊이가 있다는 뜻이고 타인에게 공감할 수 있다는 뜻이다. 악한 사람은 슬픔을 알지 못한다. 슬픔을 알면서도 악해지기란 불가능하기 때문이다.

슬픔은 우리의 내면을 들여다보게 한다. 이 과정에서 우리는 자신의 모든 아픔과 실망을 치유할 수 있는 해결책을 찾아낼 수 있다. 또한, 슬픔은 우리를 명상과 고요의 세계로 이끈다. 그 고요 속에서 보이지 않는 힘이 찾아와 상황에 꼭 맞는 도움과 위로를 건네는 놀라운 일이 벌어진다.

우리가 자신을 되돌아보고 내면의 놀라운 힘을 발견하게 되는 계기로는 대체로 세 가지를 들 수 있다. 사랑하는 사람을 잃었을 때, 사업에 실패했을 때, 또는 자신의 힘으로는 어찌할 수 없는 육체적 고통을 겪을 때다.

자연은 슬픔이라는 도구를 통해서만 우리의 몸과 마음을 정화해주는 듯하다. 이는 마치 필연적인 과정처럼 보인다. 슬픔은 우리 안의 이기심을 걷어내고, 오만함을 씻어내며, 허영심을 지우고, 자기애를 없앤다.

슬픔은 실패와 마찬가지로 축복이 될 수도, 저주가 될 수도 있다. 이는 전적으로 그것을 받아들이는 사람의 태도에 달려 있다. 슬픔을 필요한 훈련 과정으로 받아들이고 원망하지 않는다면, 슬픔은 큰 축복이 될 수 있다. 하지만 슬픔을 원망하고 그 속에서 그 어떤 가치 있는 씨앗도 찾지 못한다면, 슬픔은 저주가 되어 우리를 옭아맬 수 있다. 결국, 선택은 우리의 마음에 달렸다.

때로 슬픔은 자기 연민으로 변질되곤 한다. 그러면 슬픔에 빠진 사람은 그 감정으로 침잠해 그저 나약해질 뿐이다. 하지만 슬픔은 마냥 고통스럽기만 한 감정이 아니다. 다른 사람의 아픔에 공감하면서 슬픔을 경험할 때나 자신의 성장과 단련을 위한 기회로 받아들일 때는 슬픔도 긍정적 역할을 할 수 있다.

우리는 깊은 슬픔에 빠져 있을 때 무한한 지혜와 가장 가까워진다. 슬픔의 시기야말로 기도가 가장 강력한 힘을 발휘하는 때다. 이런 순간의 기도는 즉각적으로 긍정적 결과를 가져오곤 한다.

슬픔은 세상에 숨겨져 있던 비범한 인물들을 드러내는 역할을 해왔다. 이 위대한 인재들은 영혼을 뒤흔드는 슬픔의 강력한 힘이 아니었다면 결코 세상에 알려지지 않았을 것이다.

에이브러햄 링컨은 그가 진정으로 사랑했던 유일한 여인, 앤 러틀리지Ann Rutledge를 잃은 슬픔을 딛고 일어나면서 자신의 위대한 영혼을 세상에 드러냈다. 이를 통해 링컨은 남북전쟁으로 국가의 존립이 위태로웠던 시기에 미국 최고의 지도자로 거듭날 수 있었다.

이루어지지 않은 사랑으로 인한 좌절감은 종종 인생의 전환점을 만들어낸다. 이때 찾아오는 슬픔은 양날의 검과 같아서, 우리가 이 슬픔을 어떻게 대하느냐에 따라 결과는 크게 둘로 나뉜다. 한편으로는 위대한 업적을 이루는 원동력이 될 수 있지만, 다른 한편으로는 완전한 파멸로 이끄는 걸림돌이 될 수도 있다.

여기서도 선택은 전적으로 우리의 몫이다!

우리는 각자의 마음과 삶의 방향을 결정할 특권을 지녔다. 그 어떤 외부 세력도, 심지어 창조주조차도 이 권리를 침해할 수 없다. 어떤 목

표를 추구할지도 자유롭게 선택할 수 있으며 <u>오직 우리 자신만이 이 특권을 포기할 수 있다.</u>

슬픔은 제대로 다루면 놀라운 변화의 촉매제가 될 수 있다. 실제로 어떤 방법으로도 치료할 수 없었던 알코올 중독에서 벗어나는 데 슬픔이 중요한 역할을 한 사례가 있다. 인간의 여러 잘못된 행동을 바로잡는 데도 슬픔만 한 것이 없다. 그래서 누군가는 "슬픔이 제 역할을 못 하면, 악마가 그 자리를 차지한다."라는 말을 남기기도 했다. 크나큰 슬픔에는 잘못된 발걸음을 돌려세우는 힘이 있다.

슬픔의 순간에는 겸손한 사람이든 교만한 사람이든 누구나 솔직해진다. 이때는 가식을 벗어던지고 있는 그대로의 모습을 드러낸다. 슬픔에는 모든 사람이 자신의 본모습을 털어놓게 만드는 힘이 있기 때문이다. 슬픔이라는 감정이 없었다면 인간은 사나운 호랑이만큼이나 흉포한 동물이 되고 말았을 것이다. 게다가 우수한 지능을 지녔기에 비교할 수 없이 더 위험한 존재가 되었을 것이다.

창조주는 인간의 지성을 절정으로 끌어올리면서 지혜롭게도 그 지성에 슬픔을 느낄 수 있는 능력을 더했다. 이는 인간이 뛰어난 능력을 남용하지 않게 하기 위함이다. 극악무도한 범죄자들을 보면 머리는 비상한데 슬픔을 느끼는 능력은 부족한 경우가 많다. 슬픔을 느낄 줄 모르는 사람은 인간의 모습을 한 악마나 다름없다.

슬픔이 감당하기 힘들 정도로 버겁게 느껴질 때, 그때가 당신 인생의 갈림길이라는 것을 기억하라. 그중 오직 한 길만이 다른 방법으로는 절대 얻을 수 없을 마음의 평화로 당신을 이끌 수 있다. 또한, 슬픔을 모르는 사람은 진정한 삶을 경험해보지 못한 것이나 마찬가지라는 사실도 명심하라. 슬픔은 영혼의 문으로 통하는 만능열쇠이며, 무한한 지혜로 들어가는 입구이기 때문이다.

슬픔은 마치 안전밸브와 같은 역할을 한다. 우리가 이성적인 판단을 무시하고 잘못된 길로 계속 나아가려 할 때, 슬픔이라는 감정이 개입해 우리를 멈춰 세우고 다시 생각해볼 기회를 제공한다. 이는 더 큰 상처나 실패로부터 우리를 보호하는 자연스러운 메커니즘이라고 할 수 있다.

하지만 슬픔이 미치는 영향은 사람마다 다르다. 내면이 강하고 성숙한 사람에게 슬픔은 영혼을 단련시키는 자극제가 된다. 고통을 통해 지혜를 얻고, 타인을 이해하는 폭을 넓히며, 진정한 성장을 이루어 낸다. 반면 정신적으로 나약하거나 자제력이 부족한 사람에게는 슬픔이 오히려 파괴적인 힘으로 작용할 수 있다. 슬픔에 압도되어 무너지거나, 자포자기의 상태에 빠져들 수 있는 것이다.

나는 쉰 살이 되어서야 비로소 '슬픔의 대학'을 졸업할 수 있었다. 태어나서 쉰 살이 될 때까지 온갖 슬픔을 맛봤고, 그 모든 슬픔의 강을 어떻게든 건너왔다. 하지만 마지막 하나가 남아 있었는데, 내 힘으로는 감당하기 힘든 난제였다. 이번에는 이전과는 전혀 다른 슬픔이었다. 이 슬픔은 가장 깊고 본질적이면서도 가장 위험한 감정과 얽혀 있었다. 그 감정은 다름 아닌 사랑이었다.

사랑이라는 정원에 발을 들였는데, 그곳은 예상치 못한 미로였다. 한번 들어가니 빠져나오기가 너무나 어려웠다. 그동안 내 강연을 들은 사람들이 이런 실수를 저지르는 것을 보면서 나는 그들의 나약함을 거의 업신여기다시피 했었다. 하지만 이제 내가 그 자리에 서게 되었다. 상황이 완전히 뒤바뀌어버린 것이다.

마침내 짝사랑의 고통을 뼈저리게 느꼈다. 하지만 동시에 이 쓰라린 경험을 무언가 의미 있는 것으로 바꿔야 한다는 것도 깨달았다. 이번에도 예전에 고통스러운 경험을 대했던 것처럼 행동했다. 우선 나 자신에게 과제를 주는 것으로 변화를 시도했다. 후회할 겨를도 없이 바쁘게 움직여야 하는 일을 찾아 몰두했다.

운명의 손길이 이끄는 대로 나는 사우스캐롤라이나주의 작은 마을 클린턴에 정착했다. 그곳에서 마음의 상처를 치유하며 성공 과학에 관한 집필에 다시 몰두했다. 이 작업에 꼬박 1년이 넘는 시간이 걸렸다. 혼자 지내던 아파트에는 아름다운 숲을 배경으로 한 유화 한 점이 걸려 있었다. 넓은 강이 숲을 가로질러 흐르다가 굽이진 곳에서 방향을 틀면서 시야에서 점차 사라지는 모습이 그려진 풍경화였다.

밤마다 나는 그 그림 앞에 앉아 희망의 배가 강굽이를 돌아오길 기다렸다. 하지만 아무리 기다려도 배는 오지 않았고, 시간은 흘러 하루가 일주일이 되고, 한 달이 흘렀다. 그 긴 시간 동안 나는 철저히 혼자였다. 예전 같았으면 이런 불쾌한 상황을 극복하는 방법을 바로 찾아냈겠지만, 그때는 달랐다. 마치 탈출구 없는 감옥에 홀로 갇힌 것만 같았다. 그 고립감은 나에게 견딜 수 없는 고통으로 다가왔다.

고독의 시간을 겪으며 나는 인생에서 가장 중요한 교훈 하나를 얻었다. 그것은 바로 '남자는 자신이 선택한 여자와 함께할 때 비로소 온전한 사람이 된다'는 것이었다. 이 고통스러운 경험이 없었다면, 나는 결코 이 교훈을 깨닫지 못했을 것이다.

혼자 산 지 1년쯤 되던 어느 날, 저녁 약속을 위해 옷을 갈아입을 때였다. 어스름한 불빛만이 감돌던 그때, 문득 벽에 걸린 그림에 시선이 닿았다. 그런데 희미한 불빛이 그림에 떨어지면서 생긴 어떤 불가사의한 현상으로 인해, 완벽한 모습의 배 한 척이 강굽이를 돌아오는 장면이 눈앞에 펼쳐졌다! 나는 나도 모르게 "드디어 희망의 배가 찾아왔구나!"라고 외쳤다.

그날 저녁 식사 자리에서, 내가 클린턴이라는 작은 마을로 인도된 또 하나의 이유를 분명히 알게 되었다. 테이블 맞은편에 내 미래의 아내가 앉아 있었던 것이다. 옆집이나 다름없는 가까운 곳에 살고 있다는 사실도 모른 채 내가 그토록 찾아 헤맸던 여인이었다.

견디기 힘든 슬픔은 영원한 보상의 법칙에 따라 내게 인생 최고의 선물을 주었다. 모든 면에서 나와 완벽하게 어울리는 아내를 만나게 해준 것이다.

하지만 내가 불행한 상황을 좋은 기회로 바꾸는 귀중한 기술을 터득하지 못했다면, 이런 극적인 반전은 없었을 것이고 성공 철학도 세상에 나오지 못했을 것이다.

다음에 치과 진료를 받을 일이 있다면 '변환'이라는 단어를 기억하라! 육체적 고통을 느낄 틈이 없도록 건설적인 무엇인가를 생각하며 머릿속을 바쁘게 만들어라. 슬픔이 덮칠 때도 마찬가지다. 아직 이루지 못한 목표에 생각을 집중하라. 그 목표를 이루는 방법을 고민하느라 자기 연민에 빠질 시간조차 없게 만들어라. 이 방법을 실천하면 당신이 지니고 있는지조차 몰랐던 숨겨진 보물, 왕의 몸값보다 더 값진 보물을 발견하게 될 것이다. 바로 <u>당신의 주인은 당신이라는 사실을 깨닫게 되는 것이다</u>!

태어난 순간부터 슬픔에 둘러싸여 있었기 때문에, 나는 슬픔의 영향이 어떤 것인지 잘 안다. 나는 버지니아주 남서부 산골에 있는 한 칸짜리 통나무집에서 나고 자랐다. 내가 태어날 당시 집안의 재산이라고는 말 한 마리, 소 한 마리, 침대 하나 그리고 어머니가 옥수수빵을 굽던 화덕 하나가 전부였다.

객관적으로 볼 때, 그런 환경에서 내가 자유를 얻을 가능성은 눈곱만큼도 없어 보였다. 세상 사람들에게 도움이 되는 사람이 될 가능성은 더더욱 없었다. 부모님은 가난했고 글자도 모르는 분들이었다. 이

웃들도 마찬가지로 궁핍하고 무식했다. 내가 태어나면서 물려받은 유일한 자산은 건강한 몸과 체질뿐이었다.

출신 배경이 이렇게 열악한 내가 어떻게 세계 최초로 성공 철학을 전파하는 인물이 되었는지 의아할 수도 있다. 나 역시도 그 점이 종종 궁금했다. 하지만 "하나님은 경이로운 방식으로 기적을 일으키신다."라고 말한 철학자도 있지 않은가!

어릴 때 겪었던 힘든 경험이 오히려 동기가 되어 다른 사람은 그런 고통을 겪지 않게 하고 싶다는 강한 열망으로 발전했다. 그 열망이 얼마나 강렬하고 지속적이었던지, 나는 20년이 넘도록 성공과 실패의 비밀을 찾는 연구를 무보수로 해낼 수 있었다. 어쩌면 내 젊은 날의 아픔은 다 이유가 있었는지도 모른다. 그 고통이 날 깨우쳐서 세상에 보탬이 되는 일을 하게 만든 것은 아닐까?

'무보수' 연구라 함은 물론 연구 과정에서 돈을 벌지 못했다는 뜻이다. 하지만 이 연구가 내게 가져다준 궁극적인 보상에 관해 말하자면, 성공 과학을 체계화하기 위해 애쓴 20년 동안 나는 다른 어떤 작가보다 더 많은 도움과 유리한 기회를 얻어 다양한 형태의 글쓰기 작업을 이어나갈 수 있었다. 결국, 그 '무보수' 시절이 내가 수많은 사람의 삶에 선한 영향력을 펼칠 수 있도록 발판을 마련해준 셈이다. 더불어 <u>이 땅에서 얻을 수 있는 모든 성공을 대변하는</u> '열두 가지 위대한 부'를 나에게 안겨주었다.

만약 과거로 돌아갈 수 있다면 젊은 시절 겪었던 슬픔을 피하고 싶을지 곰곰이 생각해봤다. 결론은 분명했다. 나는 절대 그 슬픔을 피하지 않을 것이다. 그 경험이 내 몸과 마음을 단련시키고 영혼을 정제해 삶의 과업을 수행할 수 있게 만들었다. 그 덕에 삶이라는 정글의 어둠 속에서 길을 찾아 헤매는 사람들에게 도움을 줄 수 있게 되었다.

내가 전하려는 생각의 진정한 의미를 당신이 이해하게 되면, 왜 이 책이 단순히 치과 치료나 수술 공포증을 극복하는 방법을 알려주는 것 이상의 가치를 지닌다고 말했는지를 깨달을 것이다. 이 책을 쓰면서 내가 의도했던 바가 제대로 전달되길 바란다. 그렇다면 당신은 **온갖 불편하고 힘든 상황을 도움이 되는 경험으로 바꿀 힘의 근원**, 즉 거울에도 비치지 않는 '또 다른 자아'가 지배하는 아주 특별한 힘의 근원을 만나게 될 것이다.

슬픔을 제대로 평가하는 법을 배우면, 슬픔이 주는 이로움을 그때그때 알아차릴 수 있을 것이다. 또한, 슬픔이 **인간을 동물과 구별 짓는** 자연의 핵심 도구임을 깨달을 것이다. 인간보다 열등한 모든 동물은 슬픔이라는 이로운 감정을 결코 느끼지 못한다. 다만 개는 예외다. 개는 오랜 시간 인간과 함께하면서 슬픔이라는 감정을 느낄 수 있게 되었지만, 여전히 인간과는 어느 정도 차이가 있다.

슬픔을 감당할 수 있는 능력이 있다면, 그만큼 위대한 재능을 발휘할 잠재력도 지닌 것이다. 하지만 이는 슬픔을 대하는 태도에 달려 있다. 슬픔에 빠져 자기 연민에 젖어들면 안 되고 오히려 자신을 성장시키는 귀중한 기회로 여겨야 한다.

위대한 기적의 골짜기를 여행하다 보면, 모든 기적에는 특별한 영적 잠재력이 숨겨져 있음을 발견하게 된다. 이 잠재력의 진정한 의미를 깨달은 사람들에게는 엄청난 혜택이 주어진다. 그리고 **자연의 법칙을 제대로 이해하고, 그 흐름에 맞춰 살아가는 사람만이 마음의 평화를 누릴 수 있다**는 사실도 깨달을 것이다. 이 점을 놓친다면, 내가 이 책을 쓴 주된 목적을 놓치는 셈이다!

슬픔은 불행이 닥쳤을 때 공동체나 가족을 하나로 묶어주는 공통분모 역할을 한다. 나는 그 어떤 중재나 노력으로도 화해할 수 없을 것 같던 부부가 슬픔이라는 감정을 함께 겪으며 다시 가까워지는 것을 여러 번 보았다. 또한, 여러 세대에 걸쳐 이어져온 산골 마을의 깊은 반목도 슬픔 앞에서는 씻은 듯이 사라지는 것도 목격했다.

사랑이 그러하듯, 슬픔에도 우리 영혼을 정화하는 힘이 있다. **슬픔을 저주가 아닌 우리에게 주어진 소중한 선물이라고 받아들인다면**, 혼란과 무질서로 가득한 이 세상에서 겪는 시련과 고난을 이겨낼 용기와 신념을 얻을 수 있다. 슬픔을 원망하고 저주하면 위궤양과 고혈압 같은 육체 문제가 유발되고, 나아가 주변 사람들과의 관계도 나빠질 수 있다.

모든 슬픔에는 그에 상응하는 보상의 씨앗이 함께한다! 그 씨앗을 찾아내어 싹을 틔우고 거기서 오는 기쁨을 누려라. 이렇게 할 수 있다면, 치과 치료나 외과 수술 같은 사소한 문제, 심지어 큰 수술을 받아야 한대도 더는 괴롭지 않을 것이다. 슬픔을 맞닥뜨렸을 때 자신을 달래기보다는 주위를 둘러보아라. 당신보다 더 큰 슬픔을 겪고 있는 사람을 찾아 그가 슬픔을 이겨낼 수 있도록 도와주어라. 그러면 놀랍게도 당신의 슬픔은 몸과 영혼의 치유제, 어떠한 삶의 고난도 이겨낼 힘을 주는 명약으로 변할 것이다.

10장

기적 8

오직 인간만이 운명을
스스로 결정할 수 있다

'자연법칙의 불변성'은 참으로 경이로운 현상이다. 자연의 모든 계획과 의도를 영원토록 지켜내며, 더 나아가 **인간의 개입 없이**도 우주의 전반적인 계획이 완벽히 실현될 수 있도록 보장한다.

우주 습관력Cosmic Habitforce은 다른 모든 자연법칙을 주관하는 감시관이다. 이 법칙에는 인간보다 열등한 모든 생명체가 지닌 습성을 결정짓는 힘이 있다. 또한 에너지와 물질이 작용하는 방식 그리고 별과 행성 사이의 거리와 상호관계까지도 정확히 정립한다.

반면 인간은 좋은 습관이든 나쁜 습관이든, 스스로 습관을 만들고 바꿀 수 있는 특권과 수단을 부여받은 유일한 존재다. 모든 열등 생명체의 습관은 '본능'이라는 틀에 박혀 있다. 따라서 이 본능적인 행동 패턴이 그들 삶의 한계이자 전부라고 할 수 있다.

습관을 만들고 깨뜨릴 수 있는 인간의 특권은 전적으로 당사자가 쥐고 있다. 그렇기에 인간은 열등 생명체처럼 유전적 한계에 얽매이지 않는다. '인간의 마음이 상상하고 믿을 수 있는 것은 모두 이룰 수 있다'라는 보편적 진리가 있다. 우주 습관력으로 생긴 모든 고정된 습관을 깨고, 자신이 원하는 새로운 습관으로 바꿀 수 있는 능력이 인간에게 있다는 것이 그 진리에 대한 확고한 근거이다.

한 사람이 목표를 정하고 그 목표를 이루기 위한 계획을 세우면 우주 습관력이 목표 성취와 관련된 습관을 조정하여 그를 목표 방향으로 자연스럽게 이끈다. 하지만 사람은 원한다면 그 습관을 깨고 계획과 목표를 변경해서, 그를 달성하기 위한 완전히 새로운 습관을 만들어낼 수 있다.

습관을 선택하고 제어하는 이 능력은 인간을 **무한한 지혜에 거의 맞먹을 만큼** 대단한 수준으로 끌어올린다. 실제로 인간은 자신의 모든 목표와 목적을 이루기 위해 무한한 지혜의 힘을 마음대로 끌어다 쓸 수 있는 특권을 가졌다고 볼 수 있다. 이 주장을 뒷받침하는 증거를 찾으려면 20세기 전반 50년 동안 우리가 이룩한 업적만 살펴봐도 충분하다. 이 짧은 기간에 우리는 이전 인류 역사 전체를 통틀어 밝혀낸 것보다 훨씬 더 많은 자연의 비밀을 밝혀냈기 때문이다.

인간은 스스로 만들어낸 사고방식을 실천하며 차츰차츰 자동화 시대로 진입했다. 말하자면 편하게 앉아서 버튼만 누르면 모든 욕구를 간단히 해결할 수 있는 시대를 맞이한 것이다.

인간이 손으로 하던 일을 대부분 기계에 넘기는 이런 진화적 발전은, 사실 불필요한 것을 하나씩 제거해가며 인간에게 정신력의 위대한 힘을 가르쳐주려는 자연의 계획 중 하나일지도 모른다. 육체의 힘이 더 이상 필요 없는 시대가 오면, 인간은 비로소 자신의 두뇌 능력을 발견하고 활용할 여유를 가질 수 있다. 예수 그리스도가 "나를 믿는 자는 **내가 한 것보다 더 위대한 일도 할 수 있을 것이다.**"라고 말했던 것처럼, 인간이 정신력을 깨닫고 활용한다면 어떤 일도 해낼 수 있다.

별과 행성 그리고 이것들이 형성되는 성운은 우주 습관력의 법칙에 따라 작동하는 자연의 습관에 의해 서로 연결되어 있다. 낮과 밤, 계절의 변화, 균형의 법칙 그리고 인간을 제외한 모든 생명체는 엄격한 습관에 묶여 있다. 이 습관으로 인해 그들의 움직임과 행동을 장기간에 걸쳐 정확하게 예측할 수 있고, 어떤 변화가 일어나기 훨씬 전에 미리 알 수 있다.

오직 인간만이 자신의 운명을 스스로 정할 특권을 부여받았다. 삶을 어떻게 만들어갈지는 전적으로 우리의 선택이다. 즐거운 삶을 살 수도, 괴로운 삶을 살 수도 있다. 성공과 실패, 행복과 불행, 부와 가난, 이 모든 것이 우리의 손에 달려 있다. 게다가 인간의 잠재력은 무한하기에 성과의 한계를 미리 알 수 없다.

만약 인간에게 두 가지 능력만 더 있었다면 창조주와 동등한 위치에 설 수 있었을 것이다. 자신의 의지로 태어나는 능력과 원하는 만큼 살아갈 수 있는 능력 말이다. 이 두 가지만 빼면 우리는 거의 모든 것을 통제할 수 있는 잠재력을 지니고 있다. 하지만 안타깝게도 사람들 대다수는 자신에게 주어진 힘을 깨닫지 못하고, 그 힘으로 자신을 발전시키거나 세상을 더 나은 곳으로 만들려는 노력조차 하지 않는다.

우리는 대체로 삶의 위대한 기적 같은, 자신이 이해하지 못하는 힘과 끊임없이 씨름하며 살아간다. 이해하지 못하니 결국 이런 힘과 적대적인 관계가 되고, 그저 잠자리와 한 끼 식사, 몸을 가릴 옷 정도면 충분하다며 타협해버린다. 삶이 줄 수 있는 더 큰 가능성은 포기한 채 말이다.

아주 가끔, 자신의 정신을 완전히 장악하고 그 힘을 인식한 후 이를 활용하는 능력을 보여주는 사람이 인간 군중 속에서 튀어나온다. 그때 세상은 토머스 에디슨, 헨리 포드, 루서 버뱅크, 알렉산더 그레이엄 벨, 헨리 카이저 같은 위대한 인물을 얻게 된다. 이들은 '마음이 상상하고 믿을 수 있다면 무엇이든 성취할 수 있다'는 진리를 깨달아 스스로 설정한 한계를 모두 극복한 사람들이다.

이들은 천재일까? 그렇다. 천재란 단지 자신 안의 능력을 발견하고 이를 활용한 사람일 뿐이기 때문이다.

당신 자신을 알라! 정확히는, 한계를 모르는 '또 다른 자아'를 발견하라. 그러면 당신도 '당신 운명의 주인, 당신 영혼의 선장'이 될 수 있고, 허기질 때 밥을 먹듯이 자연스럽게 마음의 평화를 얻을 수 있을 것이다.

가진 게 없는 것은 문제가 아니다. 자신이 **이미 가진 것을 제대로 활용하지 못하는 무능함**이야말로 인간의 가장 큰 걸림돌이다! 세대마다 1%도 되지 않는 소수의 사람만이 문명의 횃불을 이어받아 다음 세대를 위해 그 빛을 전한다. 문명은 정신의 힘을 발견하고 이를 활용하는 사람들에 의해 발전해나간다. 이는 평범한 기업에서도 마찬가지다. 극소수의 사람만이 기업의 성공에 실질적으로 보탬이 된다. 나머지는 몸만 그 자리에 있을 뿐 정신과 영혼은 동참하지 않는다. 오히려 기업에 기여하는 것보다 더 많은 것을 가져가기 일쑤다.

자연은 결코 망설임이 없다. 일을 뒤로 미루는 법도 없고, 한번 세운 계획을 함부로 바꾸지도 않는다. 이런 면에서 자연은 우리 인간이 본받아야 할 완벽한 스승이다. 성공하는 사람들은 이런 자연의 본보기를 충실히 따른다. 하지만 **실패하는 사람들은 자연의 법칙을 따르지 않는다.**

내가 성공 철학을 정립하는 과정에서 만난 성공한 사람들에게는 한 가지 공통점이 있었다. 확고한 목적의식을 세우고 행동했고, 상황이 어려워져도 결코 흔들리거나 속도를 늦추거나 포기하지 않았다는 점이다. 그들이 성공할 수 있었던 이유는 간단하다. 자신이 원하는 것이 무엇인지 정확히 알았고, 그것을 얻기 위한 계획을 세웠으며, 성공이라는 보상을 받을 때까지 그 계획을 꾸준히 실천했기 때문이었다.

나는 실패를 거듭하면서도 자신의 목표를 굽히지 않아 성공한 사람들을 보면서 자주 이런 생각을 했다. 우주의 **무한한 지혜는 어떤 장애물 앞에서도 포기하지 않는 사람의 편을 들어주는 것 같다**고 말이다. 이런 사람들은 극복해야 할 어려움이 산더미처럼 쌓여 있어도 결국 어떤 식으로든 성공한다.

토머스 에디슨이 백열전구의 비밀을 밝혀내기 전에 1만 번이 넘는 실패를 겪었다는 얘기를 처음 들었을 때, 나는 어떻게 한 인간이 승리를 위해 그토록 엄청난 대가를 치를 수 있는지, 또 기꺼이 치를 의지가 있었는지 의문이 들었다. 하지만 나중에 에디슨의 마음가짐과 그가 문제를 해결하는 방식을 깊이 이해하게 되면서 의문이 풀렸다. **에디슨이 역사상 가장 위대한 발명가가 된 비결은 수많은 실패에 있었다. 그 실패가 그를 단련시킨 결과였다.**

에디슨은 연이은 실패를 겪으면서도 끈기만 있다면 언젠가는 자신이 찾는 비밀을 밝혀낼 수 있으리라는 것을 깨달았을 것이다. 나는 실패를 맛보았던 나의 개인적인 경험을 통해 이러한 결론에 이르렀다. 실패할 때마다 나도 성공을 향한 의지가 오히려 불타올랐다. 패배에 직면할 때마다, 내 안의 작지만 또렷한 목소리가 "포기하지 마."라고 속삭였다. 그 목소리 덕분에 계속 앞으로 나아갈 수 있었다.

만약 위대한 업적을 이룬 사람들이 성공하기까지 겪은 고난의 시간 동안 느꼈을 육체적·정신적 고통을 단 한 번이라도 경험해본다면, 우리는 치과 치료나 일상적인 의료 시술 등에 대한 두려움이 얼마나 하찮은지를 깨닫고 부끄러워질 것이다.

11장

기적 9

자연에는 불균형과 부조리가 없다

NAPOLEON HILL

'자연의 보편적 균형 법칙'은 우주 전체에 존재하는 모든 것의 완벽한 균형을 유지해주는 또 하나의 장치다. 대표적으로 시간, 공간, 에너지, 물질 그리고 지성이 자연의 완벽한 균형을 이루는 핵심 요소이며, 이를 통해 우리가 알고 있는 모든 특별한 형태가 창조된다.

인간의 개입 없이 스스로 작동하는 자연의 보편적 균형 법칙에 따라, 우리는 인생의 쓴맛과 단맛을 모두 맛볼 수밖에 없다. 하지만 자연은 지혜롭고도 교묘하게 이 법칙에 보상 장치를 심어놓았다. 이 장치는 우리가 필요와 욕구에 따라 쓴맛과 단맛을 균형 있게 조절할 수 있도록 도와준다. 이런 장치가 필요한 이유는, 창조주가 우리에게 자신의 마음을 완전히 통제할 수 있는 권한을 부여했고, 쓰든 달든 그 마음을 원하는 방향으로 이끌 수 있는 선택권을 주었기 때문이다.

우주의 보편 법칙의 일부인 이 보상 장치가 작동하면, 우리가 겪는 모든 역경과 좌절은 바로 그 안에 그만한 가치가 있는 보상의 씨앗을 품게 된다. 어떤 실패나 패배, 실망도 예외가 아니며, 그 원인이 무엇이든 상관없다. 모든 고난의 상황 속에는 반드시 그만한 가치의 가능성이 숨어 있는 것이다. 이 사실은 아무리 강조해도 지나치지 않기에 거듭해서 말할 수밖에 없다.

이 보상 장치의 작동 원리는 이렇다. 모든 사람은 어렵고 불쾌한 상황 속에서도 그만한 가치가 있는 보상의 씨앗을 발견할 권리와 힘을 갖고 있다. 자신이 초래한 상황이든 어쩔 수 없이 맞닥뜨리게 된 상황이든 상관없다. 그리고 이 씨앗을 활짝 핀 꽃으로, 나아가 무르익은 열매로 키워낼 수 있다. 이렇게 자라난 결실은 씨앗의 근원이 된 역경에 대한 값진 보상이 된다.

이 세상에는 우주의 무한한 정의가 모든 사람을 연결해주고 있다는 증거가 넘쳐난다. 자연이 설계한 우주의 보편 법칙에 따르면, 자연의 법칙을 올바르게 이해하고 따르는 사람에게 부조리란 있을 수 없다. 부조리란 사실 인간이 만들어낸 것으로, 오직 사람과 사람 사이에만 존재한다. 인간과 우주의 법칙 사이에는 부조리가 있을 수 없는데, <u>인간이 저지른 잘못에 대해 스스로 벌을 받게 하고, 반대로 미덕을 실천하면 그에 대한 보상을 스스로 얻을 수 있도록</u> 자연의 법칙이 교묘히 설계되어 있기 때문이다.

우리의 삶에 영향을 미치는 상황은 크게 두 가지로 나뉜다.

하나는 우리가 어떻게 해볼 도리가 없는 일이다. 가령 소중한 사람을 잃는다거나, 고칠 수 없는 선천적 장애를 갖고 태어나거나, 사회적 약자 계층에 속하는 경우 같은 것이다. 이런 일은 우리 힘으로는 어찌할 수 없다.

다른 하나는 우리가 통제할 수 있는 상황이다. 예를 들면 두려움, 욕심, 질투, 허영심, 이기심 같은 감정 그리고 건강 문제나 가난, 주변 사람과의 다툼, 정치나 종교 때문에 생기는 갈등 등이 여기에 해당한다. 사실 우리 삶의 거의 모든 상황이 이 범주에 들어간다고 볼 수 있다. 하지만 결국 우리에게는 삶에 영향을 미치는 많은 상황을 통제할 힘이 있다는 것이 핵심이다. 비록 **그 힘을 제대로 쓰지 못하는 경우가 많다** 해도 말이다.

첫 번째 상황, 즉 우리가 통제할 수 없는 일은 사실 우리 마음가짐에 영향을 미치지 않도록 차단할 수 있다. 이는 창조주가 주신 위대한 특권을 활용함으로써 가능하다. 이 특권이란 무엇인가? 바로 자신의 마음가짐을 확립하고 제어할 수 있는 능력이다. 우리는 생각의 방향을 원하는 대로 이끌 수 있다. 심지어 **살면서 겪는 모든 일에 어떻게 반응할지를 우리 스스로 결정할 수 있다.** 다시 말해, 우리가 통제할 수 없는 상황이라도 그것이 우리 마음가짐에 영향을 주지 않도록 할 수 있다. 마치 그 상황이 아예 존재하지 않는 것처럼 말이다. 그러면 우리는 그런 일이 없었을 때와 정확히 같은 방식으로 행동할 수 있다. 그러기가 말처럼 쉽지 않다고 불평하는 사람도 물론 있을 것이다. 맞다, 쉽지 않은 일이다. 하지만 우리가 함께 여행하는 기적의 골짜기에서는 이 어려운 과제가 자연스럽게 해결된다.

우리가 스스로 통제할 수 있는 두 번째 상황은 인생의 모든 위대한 기적 중에서 가장 강력하면서도 중요한 것을 활용하면 해결할 수 있다.

그것은 바로 보편적인 균형 법칙이다. 이 법칙은 사람들 사이의 관계나 문제뿐만 아니라 자연 세계 전체에 걸쳐 작용한다. 예를 들어 나무를 살펴보자. 가지는 모든 방향으로 완벽하게 균형을 이루도록 퍼져 있고, 뿌리는 나무 크기에 맞게 자라 적당한 깊이로 땅에 박혀 있다. 이는 완벽한 대칭적 균형의 결정체로, **어떤 인간도 따라 만들 수 없는 공학적 작품이다.**

우주의 균형 법칙은 무생물에도 똑같이 적용되는데, 물질의 가장 작은 단위에까지 영향을 미친다. 예컨대 원자 속 전자와 양성자는 두 개의 동등한 힘, 음과 양으로 완벽한 균형을 이룬다. 이 두 힘은 줄다리기하듯 서로 당기고 밀어내다가 어느 순간 힘의 균형이 맞춰져 밀고 당기기를 멈추고 이 지점에서 균형이 생긴다.

우리의 광활한 우주, 그중에서 인류가 지금까지 탐험한 영역을 살펴보면, 모든 별과 행성 그리고 아직 별이나 행성의 형태를 갖추지 못한 성간 물질 사이에 완벽한 균형 체계가 존재하는 것을 발견할 수 있다. 만약 이런 균형 법칙이 없다면 우주는 엄청난 혼돈 상태가 될 것이다. 별과 행성이 서로 계속해서 충돌하고, 우리가 아는 계절의 변화나 밤낮의 규칙도 사라질 것이다.

별과 행성의 균형에 대해 깊은 관심을 가진 사람은 드물다. 하지만 우주의 균형 법칙을 최대한 활용해 우리 삶에 영향을 주는 상황을 유리하게 만드는 방법에는 주목하지 않을 수 없다. 이 위대한 법칙의 혜택을 누리는 가장 바람직한 방법은 두 가지다. 첫째, 우리의 사고력을 온전히 장악한 후, 이를 이용해 통제할 수 있는 상황을 우리에게 이익이 되도록 다루는 것이다. 둘째, 통제할 수는 없지만, 우리 삶에 영향을 미치는 모든 상황에도 같은 사고력을 적용해서 유리한 방식으로 대응하는 것이다.

지금까지 우주의 균형 법칙에 대해 간단히 살펴보았다. 우주의 모든 것은 자연이 정한 질서와 계획에 맞게 움직이지만, 인간만은 예외라는 사실에서 우리는 힘과 용기를 얻을 수 있다. 달리 말하면, 인간은 원한다면 언제든 우주의 균형 법칙뿐만 아니라 다른 모든 자연법칙에서 벗어날 수 있고, 또 <u>그 선택에 대한 대가를 치르는 유일한 존재</u>다.

최고의 성공 비밀을 찾고 있는가? 그렇다면 바로 지금, 잠시 멈춰서 곰곰이 생각해보자. 내면에서 들려오는 작은 목소리가 당신이 찾고 있는 지혜를 속삭여줄지도 모른다.

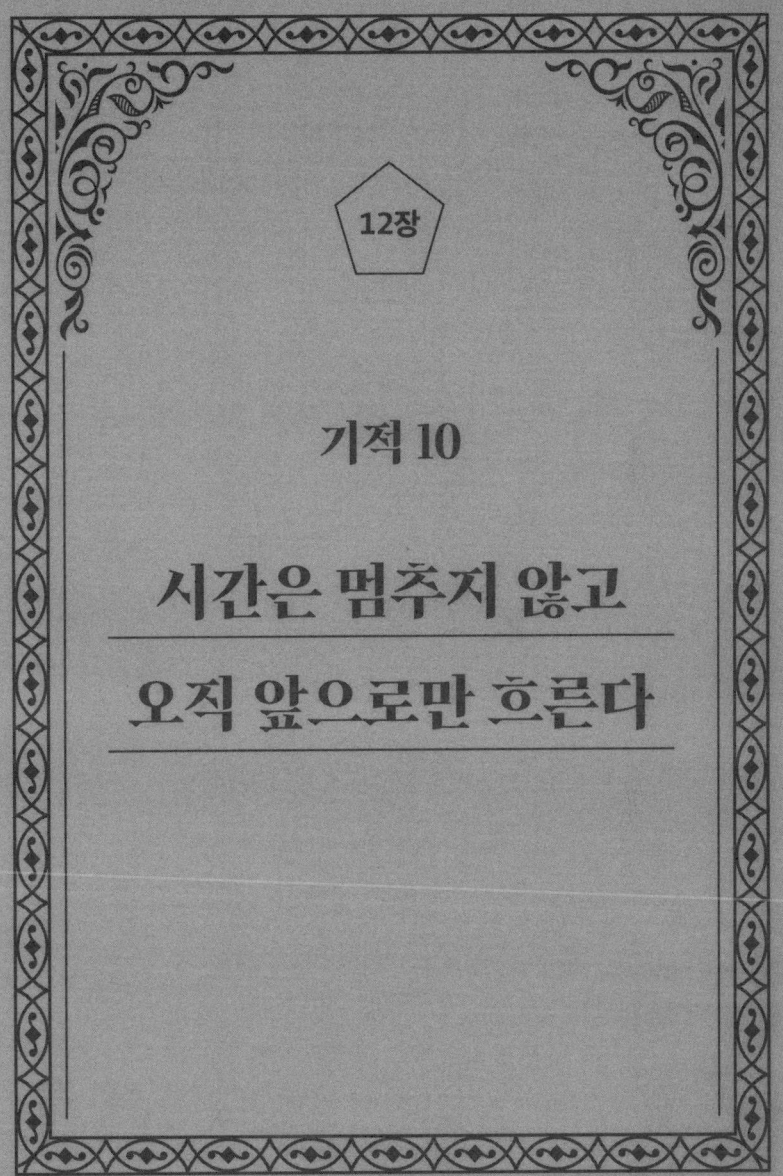

12장

기적 10

시간은 멈추지 않고
오직 앞으로만 흐른다

'시간'은 인간의 모든 고통을 치유하는 위대한 우주의 의사이며, 그 매개체는 우주에서 모든 것을 연결하는 신비한 에너지다. 시간은 육체와 마음의 상처를 보듬어주는 위대한 치유의 힘이며, 모든 원인을 적절한 결과로 변화시키는 힘이다.

시간은 무모한 젊음을 성숙함과 지혜로 바꾸어준다.

시간은 마음의 상처와 일상의 좌절을 용기와 인내 그리고 이해로 승화시킨다. 이러한 시간의 역할이 없다면, 많은 사람이 인생 초반의 어려움을 극복하지 못하고 좌절할 것이다.

시간은 들판의 곡식과 나무의 열매를 익혀 우리가 즐기고 생명을 이어갈 수 있게 해준다.

시간은 성급한 사람들에게 감정을 가라앉히고 이성적으로 생각할 기회를 준다.

　시간은 우리가 시행착오를 거치며 자연의 위대한 법칙을 발견하게 해주고, 잘못된 판단에서 교훈을 얻을 수 있게 도와준다.

　시간은 우리의 가장 귀중한 재산이다. 우리가 확실하게 가진 시간은 오직 현재의 순간뿐이며, 어떤 상황에서든 앞으로의 시간은 보장받을 수 없다.

　시간은 자비로운 중재자다. 시간을 통해 우리는 잘못과 실수를 반성하고, 그로부터 유익한 교훈을 얻을 수 있다.

　시간은 자연의 법칙을 올바르게 해석하고 이를 삶의 지침으로 삼는 사람의 편이다. 하지만 자연의 법칙을 무시하거나 외면하는 사람에게는 가차 없는 대가를 치르게 한다.

　시간은 우주의 보편 법칙을 다스리고 조정하는 힘이며, 생명체뿐만 아니라 무생물의 습관까지도 형성한다. 또한, 시간은 보상 법칙을 주관하는 중요한 요인이다. 이 법칙을 통해 모든 사람은 자신이 뿌린 씨앗의 결실을 거둔다. 이 법칙이 좋은 쪽으로 작용하면 수확 체증의 법칙이 작용하는데, 이는 노력한 것 이상의 결과를 얻는 경우를 말한다. 반대로 나쁜 쪽으로 작용하면 수확 체감의 법칙이 작용하여 들인 노력에 비해 손실이 점점 커지는 상황이 발생한다.

　시간은 보상 법칙을 늘 즉각적으로 작동시키지는 않지만 그 영향력은 확실하다. 이 법칙은 정해진 패턴과 습관을 따르며, 이를 깊이 이해하는 사람은 어떤 일의 **원인**만 보고도 앞으로 벌어질 일의 성격을 예측할 수 있다.

시간은 변화의 법칙을 주관하는 힘이기도 하다. 이 법칙은 세상의 모든 것을 쉼 없이 변화시키며 한순간도 같은 상태로 두지 않는다. 모든 것은 끊임없이 변화한다는 진리는 우리에게 엄청난 혜택을 안겨준다. 우리는 이를 통해 실수를 바로잡고, 쓸데없는 두려움과 나쁜 습관을 버리고, 나이가 들어가면서 무지를 지혜와 평온으로 바꿀 수 있기 때문이다.

과거를 되돌아보며 마음의 상처로 괴로워했던 순간을 떠올려보자. 그때 우리의 아픔을 달래준 것은 오직 시간이라는 자비로운 손길뿐이었음을 깨닫게 될 것이다.

사업에 실패했거나 평생의 업으로 선택한 일에서 좌절을 겪었을 때, 시간이 지나면서 더 나은, 어쩌면 더 큰 기회가 찾아와 당신을 구해준 경험이 있을 것이다. 그 덕에 당신은 원래 가려던 길에서 벗어나 더 넓고 순탄한 기회의 길로 들어섰을지도 모른다.

이제부터라도, 소중한 시간을 헛되이 보내고 있다는 생각이 들 때마다, 다음 결심문을 종이에 적어 외우고 즉시 실천에 옮기도록 하라. '시간'은 '기회'를 가져다주는 전령사나 다름없다.

시간에 바치는 나의 결심

1. 시간은 나의 가장 소중한 자산입니다. 잠자는 시간을 제외한 모든 순간을 나를 발전시키는 데 쓸 수 있도록 시간을 계획적으로 사용하겠습니다.

2. 앞으로는 나태함으로 인해 시간을 헛되이 보내는 것을 죄로 생각하겠습니다. 그리고 낭비한 시간에 대한 속죄로 그만큼의 시간을 더 알차게 사용할 것입니다.

3. 뿌린 대로 거둔다는 진리를 마음에 새기고, 나 자신과 다른 사람 모두에게 혜택을 줄 수 있는 봉사의 씨앗만을 뿌리겠습니다. 이를 통해 보상의 법칙이 내 삶에 스며들도록 하겠습니다.

4. 시간을 현명하게 사용하여 매일 마음의 평화를 얻도록 노력하겠습니다. 그렇지 못하다면 내가 뿌린 씨앗을 다시 한번 돌아볼 필요가 있다는 신호로 받아들이겠습니다.

5. 내가 반복적으로 생각하는 것이 결국 내 삶의 방향을 결정한다는 사실을 알고 있습니다. 그러므로 내가 원하는 상황에 정신을 온전히 집중하여 두려움과 좌절 그리고 내가 원치 않는 것에 신경 쓸 틈이 없도록 만들겠습니다.

6. 이 세상에서 나에게 주어진 시간이 제한적이고 불확실하다는 것을 알고 있습니다. 그러므로 가능한 모든 방법으로 주어진 시간을 활용하여 주변 사람에게 도움이 되도록 하겠습니다. 또한, 그들 역시 내 모습을 보며 시간을 최

대한 잘 활용할 수 있도록 이끌겠습니다.

7. 마지막으로, 나에게 주어진 시간이 다했을 때 내 이름을 기리는 기념비를 남기고 싶습니다. 그것은 돌로 만든 기념비가 아니라 사람들의 마음속에 세워진 기념비, 내가 이 세상에 남긴 흔적 덕분에 세상이 조금은 더 나아졌다고 증명할 수 있는 그런 기념비이기를 바랍니다.

8. 앞으로 남은 삶 동안 이 다짐을 매일 되새기겠습니다. 이 다짐이 나의 성품을 개선해줄 것이며, 내가 영향을 미칠 수 있는 사람들에게도 영감을 부여해 그들의 삶까지 함께 나아지리라 굳게 믿습니다.

지금도 시곗바늘은 빠르게 돌아가고 있다. 우리는 "그 날갯짓을 멈추고 거꾸로 돌아가다오."라고 외치지만 시간은 우리의 외침에 귀 기울이지 않는다.

생각보다 시간이 얼마 남지 않았다!

인생의 여정을 함께하는 그대여, 깨어나 당신 마음의 주인이 되어라! 아직 늦지 않았다. 과거의 당신이 꿈꿨던 모습을 실현할 기회가 아직 남아 있다.

지금 당신에게 주어진 시간을 최대한 활용하라. 태만함 때문에 현생에서 해야 할 일을 다 하지 못하면 다시 태어나서 그 일을 반복해야 할지도 모른다.

이 경고를 절대 가볍게 여기면 안 된다!

이제 모든 책임은 '당신'에게 있다. 당신이 시간을 잘 활용하고 있는지 판단할 수 있는 간단한 방법이 있다. 마음에 평화가 깃들어 있고 필요한 만큼의 물질적 풍요를 누리고 있다면 당신은 시간을 제대로 활용한 것이다. 하지만 이러한 축복을 누리지 못하고 있다면, 안타깝게도 그것은 당신이 시간을 헛되이 썼다는 증거다. 만약 후자라면, 지금 당장 당신에게 무엇이 부족하며 그것을 어떻게 개선해야 할지 찾기 시작해야 한다.

진정으로 위대한 사람에게는 '빈둥거리는 시간'이 없다. 그들의 머릿속은 항상 건설적인 생각으로 가득 차 있기 때문이다. 주어진 시간을 깊이 있게 활용하면 마치 육감처럼 예리한 능력이 발달하고, 이를 통해 세상을 남다르게 바라보고 이해하게 된다.

마음에 부정적 생각이 스치더라도, 진정으로 위대한 사람은 즉시 그 생각을 긍정적 생각으로 바꾸고 그에 맞는 긍정적 행동을 한다.

똑딱, 똑딱, 똑딱. 시간의 시계추는 빠르게 움직인다!

인류 문명 전반이 큰 변화의 물결을 타고 있다.

이 순간에도 선과 악이 주도권을 놓고 싸움을 벌이고 있다. 이제 모두가 나서서 자신의 태도를 분명히 밝힐 때다. 우리 각자에게 주어진 시간을 어떻게 쓰느냐에 따라 우리가 어느 편에 서 있는지 드러날 것이다. 당신은 옳음의 편인가, 아니면 그름의 편인가?

알 수 없는 어떤 힘에 의해 시간의 흐름이 급격하게 빨라졌다. 그 결과 앞으로는 그 어느 때보다 개인이 성장하고 발전할 기회가 더 많이 주어질 것이다.

이 거대한 '기회'의 물결 속에서, 시간을 어떻게 대하고 활용하느냐가 당신의 미래를 좌우할 것이다.

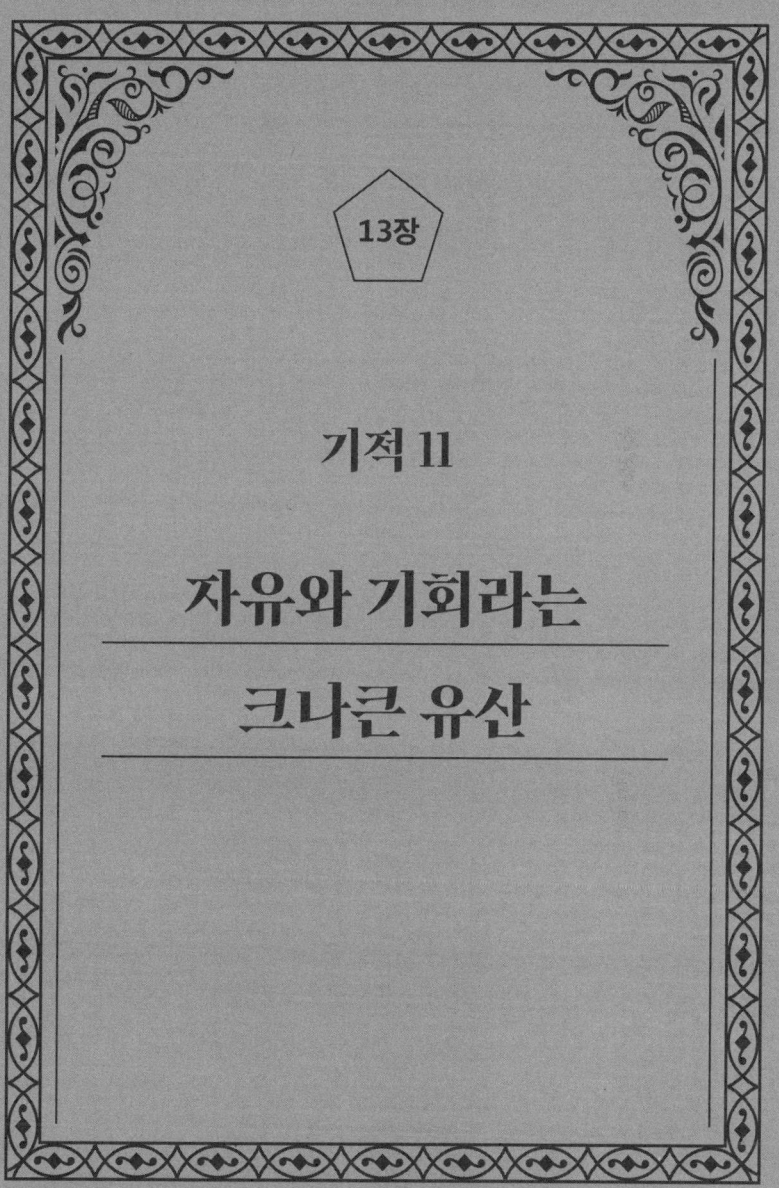

13장

기적 11

자유와 기회라는
크나큰 유산

우리가 누리는 '자유로운 삶의 방식'은 역사상 위대한 기적 중 하나다. 이 땅에는 인간이 자신의 정신을 온전히 장악하고 원하는 목표를 향해 자유롭게 나아갈 수 있는 기반이 마련되어 있다. 이는 그 어느 곳에서도, 그 어느 때에도 볼 수 없었던 기회다.

우리의 삶의 방식은 많은 사람의 눈물과 피를 통해 태어났다. 그리고 이 방식은 이 땅의 선조들이 겪은 고난과 투쟁 속에서 성장했다. 이 모든 것은 우리 삶의 방식이 모든 인간이 자신의 정신을 자유롭게 발휘할 수 있도록 하려는 창조주의 계획과 모든 면에서 조화를 이룬다는 것을 보여준다.

이곳은 모든 사람에게 '기회'를 제공한다. 여기에서는 누구나 자신이 원하는 목표를 정하고, 자신의 마음을 움직여 그것을 이뤄낼 수 있다. A.B. 지아니니^{A.B. Giannina} 같은 제대로 된 교육도 받지 못한 이탈리아 이민자가 바나나 장사로 시작해 결국 세계적으로 거대한 은행인 뱅크오브아메리카를 소유하게 된 것을 보라. 이보다 확실한 증거가 어디 있겠는가.

어떻게 헨리 포드처럼 젊고 배운 것 없는 기계공이 자동차 산업이라는 거대한 산업을 일으킬 수 있었을까? 그는 자본금 한 푼 없이 시작해 세계적인 자동차 제국을 세웠다. 엄청난 부를 쌓았고 수많은 사람에게 일자리를 제공했다.

오늘날에는 가장 평범한 계층의 노동자조차도, 불과 몇 세대 전의 왕이나 귀족들도 누리지 못했던 현대적인 생활의 편리함을 누리고 있다. 이루고 싶은 목표가 있다면 이를 막아설 것은 그리 많지 않다.

우리에게는 충분한 자기 발전의 동기가 주어져 있다. 그 동기는 매우 강력해서 누구나 자신의 의지로 행동하고 원하는 직업을 선택할 수 있게 한다. 더 나아가 스스로 생각하고, 그 생각을 어떤 방식으로든 자유롭게 표현할 수 있게 한다. 이곳에서는 누구나 자신의 꿈을 좇을 수 있고, 하고 싶은 말을 거리낌 없이 할 수 있다.

에이브러햄 링컨처럼 보잘것없는 농부의 아들로 태어나 나무를 쪼개는 육체노동을 하던 사람이 어떻게 그 나라 최고의 자리에 오를 수 있었을까? 또한 토머스 에디슨처럼 교육도 제대로 받지 못한 사람이 발명을 자신의 업으로 택하고 과학적 재능을 가진 사람들로 구성된 최고의 두뇌집단을 구성해 역사적으로 위대한 발명가 중 한 명이 될 수 있었을까?

나는 자유로운 삶의 방식에서 혜택을 누리는 오늘날의 모든 사람에게 이렇게 묻는다. 이 책을 읽는 당신도 자신만의 방식으로 이 질문에 답해보길 바란다. 우리가 사는 이 사회가 당신에게 제공한 혜택을 돌아보며 대답해보라. 그리고 이 답을 찾는 과정에서 당신 자신의 선택에 따라 주어지는 다양한 기회를 제대로 평가할 수 있게 되길 바란다.

이 위대한 삶의 방식에 대한 분석을 마무리하기 전에, 자유와 기회라는 유산은 우리가 그것을 인식하고 올바르게 활용하며 지킬 때만 우리의 것으로 남을 수 있음을 기억해야 한다. 자연이 인간에게 베푼 다른 모든 축복과 마찬가지로, 우리가 누리는 특권도 우리가 그것을 얻을 자격이 있음을 계속해서 증명할 때만 지켜나갈 수 있다. 자연은 아무런 노력 없이 무언가를 얻으려는 태도를 매우 달갑지 않게 여긴다.

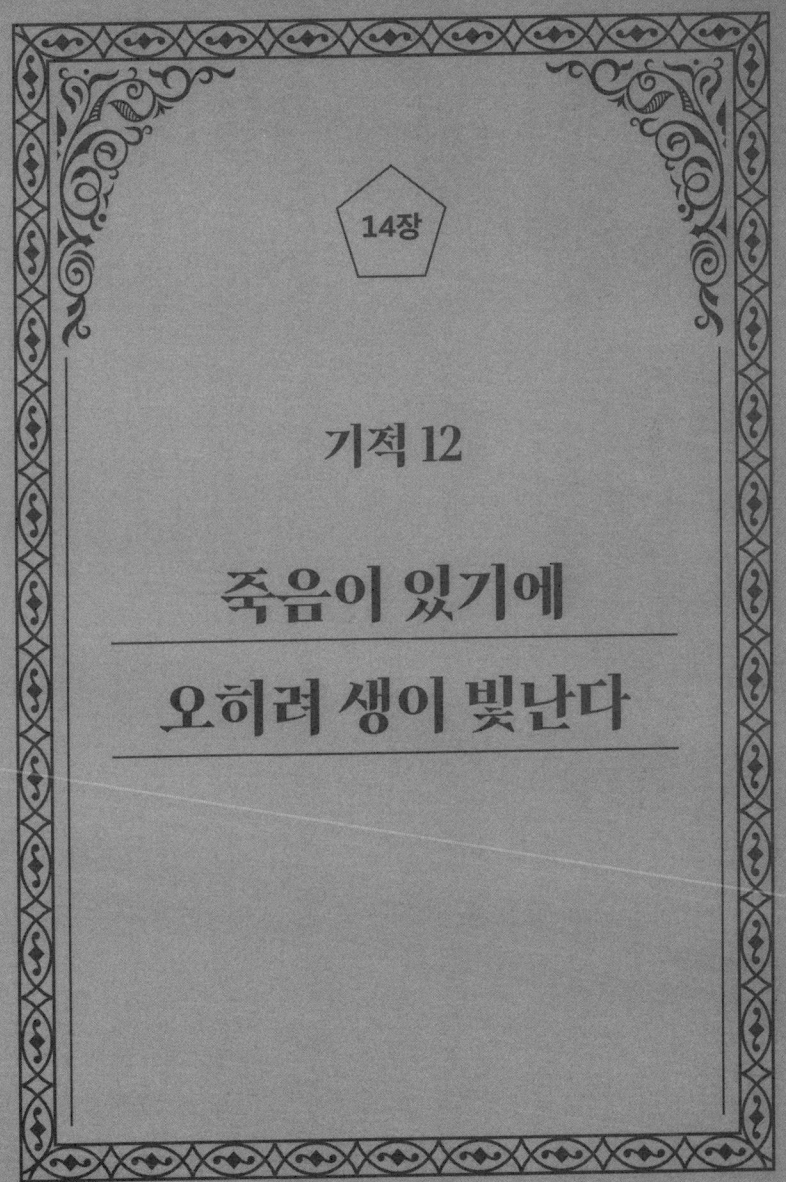

14장

기적 12

죽음이 있기에
오히려 생이 빛난다

사람들은 대부분 '죽음'을 피할 수 없는 비극으로만 본다. 하지만 이는 죽음을 바라보는 매우 제한된 시각일 뿐이다. 시야를 넓혀 우주의 거대한 계획을 바라보면 죽음에 대해 새로운 해석을 할 수 있다. 우주는 끊임없이 변화하며, <u>**그 변화는 영원히 지속되기**</u> 때문이다.

우리는 자신도 모르게, 아무것도 모른 채 이 땅에 태어난다. 그리고 인생이라는 거대한 학교에서 잠시 공부를 하다가, 또다시 우리의 의지와는 상관없이 다른 차원의 세계로 떠난다. 우리가 이 땅에서 영원히 사는 것은 창조주의 계획에는 없는 일이다. 만약 그렇게 된다면 그것이야말로 진정한 비극일 것이다.

매 순간이 투쟁의 연속이고, 살아남기 위해서는 늘 깨어 있어야 하고 한시도 방심할 수 없는 이 고된 세상에서 영원히 살아야 한다면 어떨까? 그보다 무서운 일이 또 있을까?

삶의 여정은 현대의 교육 제도와 닮았다. 유치원에 들어가는 것으로 시작해, 초등학교를 거쳐 중고등학교로 올라간다. 그리고 원한다면 대학교나 대학원에 입학해서 더 깊이 있는 배움을 이어갈 수도 있다. 우리 삶은 비록 짧지만, 그 짧은 시간 동안 이 세상에 존재하는 가장 중요한 이유는 무언가를 배우고 깨닫기 위해서인 듯하다.

만약 죽음이라는 장치가 없었다면 세상이 어떻게 되었을지 한번 생각해보자. 역사상 존재했던 악인들이 아직도 살아서 사람들의 삶을 비참하게 만들고 있을 것이다. 또한, 문명이 시작된 이래로 온 인류를 노예로 삼으려 했던 정복자와 독재자가 여전히 활개 치고 있을 것이 분명하다.

죽음은 긴 잠일 뿐이다. 잠을 자는 동안 인간은 지친 육체를 벗어던지고 영원히 지치지 않는 새로운 몸을 얻는다. 죽음은 우리가 어찌할 수 없는 일이니, 있는 그대로 받아들이고 죽음에 대한 걱정은 마음에서 털어내야 한다.

우주의 보편 법칙 중 하나인 변화의 법칙을 이해하면, 죽음도 이해할 수 있고, 필연적이고도 필수적인 것으로 쉽게 받아들일 수 있다. 모든 것이 변하는 우주에서 오직 인간만 영원히 산다는 것은 말이 안 된다. 변화의 법칙과 영원한 생명은 공존할 수 없다.

인간은 죽음 앞에 떨고, 피하려 발버둥 치며, 비극이라 절규한다. 하지만 우리는 우주의 거대한 설계 속 아주 작은 부분일 뿐이다. 따라서 우리의 욕망과 그것을 이루려는 노력은 전적으로 삶이라는 한정된 시간 속에 국한된다. 그리고 비록 짧은 기간이지만 우리에게는 각자가 원하는 대로 이 시간을 채워갈 수 있는 놀라운 자유가 주어진다. 인생은 자유로운 의지를 부여받아 원하는 대로 뜻을 펼칠 수 있는 '짧은 방문'이다.

　죽음을 대하는 여러 태도 중에서 철학자들이 보여주는 태도가 가장 이치에 맞고 합리적으로 느껴진다. 그들은 죽음을 자신들이 아주 제한적으로만 영향을 미칠 수 있는 상황으로 받아들인다. 따라서 언젠가 죽음이 찾아오면 준비된 마음으로 맞이할 수 있다고 믿으며 죽음을 담담히 받아들인다. 그러고 나서는 죽음에 대한 걱정을 떨쳐버리고, 중요한 일에 집중한다. 바로 자신이 실제로 통제할 수 있는 것, 즉 현재의 삶을 의미 있고 풍요롭게 만드는 일에 온 에너지를 쏟는다. 통제력을 거의 발휘할 수 없는 미래의 죽음을 걱정하기보다는, 통제 가능한 현재의 삶을 충실히 살아가는 데 모든 힘을 기울인다.

　철학자들은 죽음을 두려워하는 것이 오히려 창조주를 무시하는 행동이라고 여긴다. 살면서 겪는 모든 상황은 그들에게 있어 삶이라는 맷돌을 돌리는 재료다. 다시 말해, 좋은 일이든 나쁜 일이든, 모두 우리 삶을 풍요롭게 만드는 재료라고 생각한다. 따라서 어떤 상황이 닥치더라도 재빨리 받아들이고 그 상황에서 무언가를 배우고 성장할 기회를 찾으려고 노력한다.

우리의 고정관념이나 두려움, 부정적 태도 등이 오히려 삶의 기적을 제대로 분석하고 이해하는 데 큰 걸림돌이 될 수 있다. 사실 이 분석의 목적은 우리가 삶의 기적을 새로운 마음가짐으로 바라보도록 돕는 데 있다. 삶의 기적을 두려워할 대상이 아니라 우리 자신에게 유리한 상황으로 인식하도록 만드는 것, 그것이 바로 이 분석의 핵심이다.

우리는 종종 일어나지도 않은 일에 대해 걱정하며 시간과 에너지를 낭비한다. 하지만 분석을 통해 '걱정의 덫'에서 벗어나, 현실을 있는 그대로 받아들이는 법을 배우면 마음에 진정한 평화를 가져다주는 열쇠를 얻을 수 있다.

죽음에 관한 이 장의 내용을 다 읽은 독자에게 바라는 점이 있다면, 다음 장에서 제시되는 원칙을 올바르게 해석하고 실생활에 적용할 준비를 해보라는 것이다. 이 원칙은 당신이 삶의 기적과 관계 맺는 방식을 바꿔서 그로부터 최대한 긍정적 결과를 얻을 수 있도록 특별히 고안되었다.

내가 바라는 대로 이 책에서 제시한 원칙을 이해하고 실천한다면, 당신은 앞으로 남은 모든 시간 동안 흔들리지 않는 마음의 평화를 얻게 될 것이다.

내가 이 책에서 삶의 기적을 분석하며 한 말 자체는 그리 중요하지 않다. 하지만 이 말이 당신의 마음속에 불러일으킨 생각은 매우 중요

하다! 그 생각으로 인해 삶을 바라보는 당신의 태도가 바뀔 수 있기 때문이다. 그리고 그 변화된 태도야말로 남은 인생을 더욱 풍요롭고 달콤하게 만들어줄 것이다.

15장

기적 13

인간 정신의 힘은 무한하다

 '인간의 정신'은 인생의 모든 기적 중에서도 가장 중요한 자리를 차지한다. 정신이야말로 우리가 살면서 마주치는 모든 상황과 환경을 이해하고 대처하는 데 쓸 수 있는 핵심 수단이기 때문에, 삶의 기적을 중요도에 따라 나열한다면 첫 번째로 꼽힐 것이다.

 자연이 만들어낸 산물 중에서, 인간의 정신만큼 신비롭고 경이로운 것이 또 있을까? 하지만 동시에, 인간의 정신은 창조주가 인간에게 선물한 귀중한 능력 가운데 파악하기가 가장 어렵고 가장 자주 오용된다.

 정신은 영혼의 성채다. 이곳에 인간의 의식적 사고와 무한한 지혜를 잇는 연결고리가 자리 잡고 있다. 쉽게 말해, 정신은 일종의 제어판 역할을 한다. 이를 통해 우리는 우주의 무한한 지혜라는 거대한 저장고에 접속하고 교신할 수 있다. 이 저장고에서 우리는 모든 문제의 해답을 길어 올릴 수 있다. 우리의 모든 희망과 꿈 그리고 열망을 이루는 방법도 이곳에서 찾아낼 수 있다.

무엇보다도 놀라운 사실은, 창조주가 인간에게 정신에 대한 완전한 통제권을 부여했다는 것이다. 창조주조차도 그 통제권을 철회하거나 어떤 식으로도 빼앗지 않는다. 이는 정신이 인간만이 사용할 수 있는 특별한 도구임을 강력히 시사한다. 그러므로 정신은 창조주가 준 선물 중 가장 중요한 것이며, 이 정신을 통해 우리는 이 땅에서의 운명 대부분을 좌우할 수 있다.

결국, 우리 인생의 모든 순간은 정신을 어떻게 쓰느냐, 혹은 쓰지 않느냐의 결과물이다. 성공의 영광도, 실패의 좌절도, 좌절의 고통도 모두 우리가 정신을 어떻게 다루느냐에 따라 결정된다.

정신의 기능은 아홉 가지 부분으로 나뉘며, 이는 마치 잘 조직된 회사의 부서들과 비슷하다. 이 중 일부는 우리의 의지나 지시와 상관없이 자동으로 작동하고, 다른 일부는 항상 우리의 통제 아래 있다.

자, 이제 정신의 아홉 가지 기능을 하나씩 살펴보자.

1. 의지의 기능: 의지는 정신의 다른 모든 부서를 지휘하는 '최고 책임자'라고 할 수 있다. 생각을 온전히 통제할 수 있는 특별한 권한은 의지에서부터 시작된다. 의지는 우리의 마음속에서 '예' 또는 '아니요'로 결정을 내리는 역할을 한다. 의지는 우리의 선택에 따라 행동하고, 그

선택이 긍정적이든 부정적이든, 그 결과가 어떻게 될지와 상관없이 명령을 수행한다. 의지의 힘은 사용할수록 강해진다. 마치 팔을 쓰지 않으면 팔 근육이 약해지듯이, 의지도 사용하지 않으면 무력해진다.

2. 이성의 기능: 이성은 정신의 '재판관' 역할을 한다. 우리가 이성을 쓰겠다고 마음먹으면, 이성은 모든 생각과 욕구, 목표와 목적 그리고 상황에 대해 판단을 내린다. 하지만 이런 판단도 '최고 책임자'인 의지로 인해 뒤집힐 수 있고, 의지가 제 역할을 하지 못하면 감정의 영향으로 그 판단이 흔들릴 수도 있다. 이른바 사고思考의 치명적인 약점 중 하나는 우리가 감정에 휘둘리면 제대로 발휘되지 못하고 흐릿해지는 경향이 있다는 것이다. 감정은 논리나 이성과는 아무런 관련이 없으므로, 이런 실수는 종종 비극적인 결과를 낳기도 한다. 따라서 감정에서 비롯된 모든 행동은 의지의 세심한 통제를 받아야 한다.

3. 감정의 기능: 감정은 대부분의 정신 활동이 시작되는 곳이다. 사람들은 흔히 '느낌'에 따라 결정을 내리고, 이성이나 의지의 판단을 거치지 않은 채 행동에 옮기는 경향이 있다. 이러한 결정은 대체로 이성적이지 못하고 불합리한 경우가 많다.

이성과 의지를 제대로 활용하지 않고, 감정을 무분별하게 사용하는 가장 흔한 사례는 사랑에서 찾아볼 수 있다. 사랑은 가장 숭고하고도 영적인 특성을 띠는 감정이다. 하지만 동시에 가장 위험한 감정이 될 수 있는데, 사람들 대다수가 사랑을 이성과 의지로 다스리려 하지 않기 때문이다.

냉철한 사고의 소유자, 즉 생각하는 과정에서 정신의 모든 기능을 사용하는 사람은 사랑의 감정을 무조건 표현하지 않고, 먼저 이성과 의지로 꼼꼼히 점검한다. 또한, 냉철한 사고의 소유자는 자신의 깊은 욕망, 계획, 목표를 이성과 의지로 점검하여, 열정이나 열의가 지혜를 압도하지 않도록 한다. 이들은 사랑의 감정도 통제를 벗어나지 않도록 끊임없이 경계한다.

4. 상상력의 기능: 상상력은 인간의 영혼을 설계하는 도구다. 상상력을 통해 우리는 자신의 운명을 스스로 설계하고 언제든 그 설계를 바꾸거나 수정할 수 있다. 상상력의 힘을 빌려 번개처럼 빠르게 무한한 우주 공간을 탐험할 수 있고, 하늘과 바다를 정복할 수 있다. 또한 기존 아이디어와 개념을 새로운 방식으로 조합하는 것만으로도 우리에게 이로운 발상을 수없이 만들어낼 수 있다.

상상력을 바탕으로 환상과 현실을 결합해 생동감 넘치는 산업 체계를 만들어낼 수 있고, 이는 문명의 흐름 자체를 바꿔놓을 수 있다. 의지와 이성으로 다듬어진 상상력은 모든 것을 가능하게 할 만큼 큰 성과를 낼 수 있지만, <u>통제되지 않은 상상력은 우리 삶을 망칠 수 있다</u>. 특히 사랑의 감정과 상상력이 만나 통제 없이 폭주한다면, 그 피해는 회복하기 어려울 수도 있다.

또한 상상력은 건강 염려증이라는 골치 아픈 질병의 근원지다. 이는 의사들에게 큰 골칫거리로 작용해왔다. 하지만 역설적이게도 상상력은 건강 염려증의 치료법이 될 수도 있다. 여러 전문가의 주장에 따르면, 상상력은 우리 몸에 강력한 영향을 미쳐 면역체계를 활성화하고 다양한 종류의 실제 질병을 퇴치할 수 있다.

"상상력은 위대한 능력이다. 그 잠재력은 사실상 무한한데, 매우 다루기 까다로운 능력이기도 해서 항상 이성과 의지의 감독이 필요하다." 이 문장을 반복해서 읽으며 곱씹어보자. 그러면 그 속에 담긴 중요한 메시지를 충분히 이해할 수 있을 것이다.

5. 양심의 기능: 양심이란 도덕적 나침반 역할을 하는 정신의 한 영역이다. 방해받지 않고 제 기능을 할 때, 양심은 우리의 목표와 의도를 신중히 검토하고, 자연의 도덕법칙과 어긋나는 점이 있으면 목표를 수정하라고 경고한다. 하지만 우리가 이 경고를 무시하거나 따르지 않으면, 양심의 목소리는 점점 작아지다 결국 완전히 침묵해버린다.

반면, 원하는 것, 목표하는 것, 의도하는 모든 것에 대해 양심에 거리끼는 것이 전혀 없는 사람은 어떤 목표도 이룰 수 있다는 자신감과 믿음을 자연스럽게 갖게 된다.

6. 다섯 가지 육체적 감각: 우리 몸에는 오감(시각, 청각, 미각, 후각, 촉각)이 있다. 이 감각들은 우리 뇌의 '팔' 같은 역할을 한다. 뇌가 외부 세계와 소통하고 정보를 얻는 통로인 셈이다. 하지만 이 감각을 항상 신뢰할 수 있는 것은 아니므로, 이성과 의지의 지속적인 감독이 필요하다.

갑자기 놀라거나 화가 폭발할 때처럼 감정이 격해지면 우리의 감각은 제대로 작동하지 않는다. 따라서 두려움이나 분노에 휩싸여 내린 판단은 의지와 이성으로 철저히 재검토하기 전에 행동으로 옮기면 안 된다.

7. 기억의 기능: 기억은 우리 뇌의 '서류 보관함'과 같다. 순간적인 생각, 모든 의식적 경험 그리고 오감을 통해 뇌로 전달된 모든 감각이 이곳에 저장된다. 하지만 대부분이 알다시피, 기억은 결코 믿을 만한 것이 못 되므로 이성과 의지로 계속 관리하고 단련해야 한다. 기억을 신뢰할 수 없는 주된 이유는 '서류 정리 담당자', 즉 우리의 부주의함 때문이다. 머릿속에 들어오는 기억을 체계도 없이 아무렇게나 던져두니 나중에 찾기가 힘들어질 수밖에 없다.

기억력은 로스 시스템(데이비드 로스 David M. Roth가 개발한 기억력 향상 시스템으로, 숫자를 자음-모음 조합으로 바꿔 이미지화하는 것이 핵심이다. ―옮긴이) 같은 실용적인 기억력 향상 훈련을 통해 충분히 믿을 만한 수준으로 끌어올릴 수 있다. 결국, 기억력이 얼마나 믿을 만한지는 머릿속 '서류 정리 담당자'를 얼마나 잘 훈련하고 관리하느냐에 달려 있다.

8. 육감: 육감은 정신의 송신기이자 수신기 역할을 한다. 이를 통해 우리는 별다른 의도적인 노력 없이 생각의 파장을 주고받는다. 더 나아가 지구인의 지성 수준을 넘어서는 더 높은 차원의 지성체가 발산

하는 에너지까지도 감지할 수 있다. 또한, 육감은 우리를 돕기 위해 존재하는 보이지 않는 안내자들과 교감할 수 있게 해주는 수단이다.

'육감'은 적절한 자격을 갖춘 정신이 텔레파시 원리를 통해 거리에 구애받지 않고 다른 사람의 정신과 소통할 수 있도록 하는 매개체이다. 권위 있는 전문가들도 텔레파시가 실제로 작동하는 현상임을 인정했다. 이를 실생활에 활용하는 구체적인 방법은 내가 쓴 책을 포함한 여러 서적에 상세히 다뤄져 있다.

9. 잠재의식: 잠재의식은 의식이 무한한 지혜와 직접 소통할 수 있게 해주는 '제어판'이다. 잠재의식은 어떤 생각, 어떤 계획, 어떤 목적이라도 그대로 받아들이며, 긍정과 부정, 옳고 그름을 구분하려 하지 않는다. 다만 두려움, 분노, **믿음**, **신념**처럼 강한 감정이 실린 생각이나 아이디어에는 더욱 빠르고 효과적으로 반응한다.

잠재의식은 의식의 영향을 받기 쉽다. 하지만 의식이라는 문지기는 이따금 두려움과 스스로 정해놓은 한계, 잘못된 믿음 때문에 잠재의식으로 들어가는 문을 굳게 닫아버린다. 의식이 만든 이런 부정적 장벽을 걷어내고, 잠재의식에 지시를 내려 육체적 질병을 치유하기 위해 암시요법을 사용하는 의사들은 환자가 수면 상태일 때(때로는 최면을 통해) 환자의 잠재의식과 직접 소통한다.

앞서 언급한 바와 같이, 잠든 사람의 잠재의식에 원하는 지시를 내릴 수 있는 장치가 이미 존재한다. 명령이나 지시를 녹음해둔 레코드를 이 장치에 장착하면 녹음된 내용이 15분마다 재생된다. 사용자가 잠들고 나면 자동으로 작동을 시작해 그가 깨어나 장치를 끌 때까지 입력된 명령과 지시를 재생하도록 타이머를 설정할 수 있다.

이 책에서는 정신의 여러 기능에 대해 비교적 짧고 간략하게 설명했다. 이는 각 주제를 깊이 파고들어 분석하기보다 인간의 정신이 작동하는 메커니즘을 전체적으로 조망하고 우리가 정신을 어느 정도까지 통제할 수 있는지에 대해 간단히 살펴보기 위해서였다.

모든 생각은 결국 물리적인 현실로 나타나기 마련이다. 좋은 생각이든 나쁜 생각이든, 옳든 그르든 상관없이 말이다. 이때 생각은 자연스럽고 논리적인 방식으로 목표를 이루기 위한 아이디어와 계획, 의지를 우리 안에 심어준다. 어떤 생각이든 반복하다 보면 습관이 되고, 그러면 잠재의식이 이를 자동으로 받아들여 실행에 옮기게 된다.

"생각이 곧 실체다."라는 말이 꼭 맞지 않을 수도 있다. 하지만 분명한 것은 생각이 현실을 만들어낸다는 점이다. 그리고 이렇게 만들어진 결과물은 그 생각의 본질이나 성격을 놀라울 만큼 많이 반영한다.

전문가들의 의견에 따르면, 우리가 내보내는 모든 생각은 끝없는 파장을 만들어내고 그 파장은 언젠가 반드시 그 생각을 만든 사람에게 돌아온다. 인간이란 결국 무한한 지혜가 만들어낸 생각이 물리적으로 구현된 존재이다. 또한, 우리가 사용하는 생각 에너지는 뇌라는 장치를 통해 무한한 지혜에서 가져온 일부일 뿐이라고 믿는 사람도 많다.

이제부터 치과 치료나 중대한 외과 수술, 또는 그 밖에 살아가면서 겪을 불편한 상황에 대비해, 어떻게 정신을 단련할 수 있는지에 대한 설명을 시작하려 한다.

정신 **단련**은 전적으로 잠재의식을 통해 이루어져야 한다. 그러므로 잠재의식에 어떻게 도달하고 원하는 목적에 따라 어떻게 방향을 설정할 수 있는지 더 자세히 살펴보겠다.

잠재의식을 **완벽하게 통제**하는 것은 불가능하다. 하지만 우리가 현실로 만들고 싶은 어떤 욕구나 계획, 목표에 따라 행동하도록 잠재의식에 의도적으로 영향을 미칠 수는 있다.

잠재의식은 계속 돌아가는 기계처럼 결코 쉬지 않는다. 당신이 원하는 생각이나 목표로 잠재의식을 채우지 않으면, 주변 환경에서 오는 생각이 그 자리를 차지한다. 특히 당신이 원치 않는 것, 두려워하는 것, 꺼리는 것에 대한 생각이 가득 차게 된다.

인식하든 못 하든 우리는 매일 다양한 생각의 자극 속에서 살고 있으며, 이 자극은 나도 모르는 사이에 잠재의식 속으로 스며든다. 이 자극 중에는 부정적인 것도 있고, 긍정적인 것도 있다. 바로 이런 이유로, 지금부터 우리 삶에 영향을 미치는 부정적 흐름을 차단하는 방법을 알려주려 한다. 나아가 두려움을 비롯한 이런 부정적 영향력을 **당**

신이 진정으로 원하는 욕구와 계획, 목표로 바꾸는 방법, 특히 육체적 고통을 다스리는 방법까지 함께 다룰 것이다.

이 기법을 완전히 익히고 적용하는 법까지 터득하면, 당신은 잠재의식의 문을 여는 열쇠를 손에 넣게 될 것이다. 그리고 그 문을 완벽하게 통제해서 원치 않는 생각이나 영향이 전혀 들어올 수 없게 할 수 있을 것이다.

잠재의식에 접근하는 방법을 설명하기 전에 알아둘 것이 있다. 잠재의식으로 통하는 문이 두 개라는 점이다. 하나는 바깥세상, 즉 당신이 살아가는 물리적 세계를 향해 열리며, 이 세계는 오직 이 문을 통해서만 들어갈 수 있다. 다른 하나는 안쪽으로 열리는 문으로, 무한한 지혜의 거대한 저장소와 직접 연결된다.

기도가 이루어지는 것도 바로 이 두 개의 문을 통해서다.

우리의 희망과 욕망, 계획도 이 두 문을 통해 실현될 수 있는데, 이때 꼭 필요한 것이 분명한 목적의식과 그것을 이루고자 하는 강렬한 열망이다.

하지만 우리의 의식이 부정적 상태에 계속 머물도록 방치하면, 두려움과 의심, 좌절감이 이 두 문을 통해 들어와 우리 인생을 불행하게 만든다. 외부 환경에서 오는 부정적 생각을 처리하지 않고 내버려두면 결국 잠재의식이 그 생각을 그대로 받아들여 행동으로 옮겨진다.

인간의 가장 큰 모순 중 하나는 사람들 대다수가 원치 않는 것에만 정신을 빼앗긴 채 살아간다는 점이다. 가난, 실패, 질병, 불행, 육체적 고통 같은 것 말이다. 그러면서도 왜 자신이 이런 불운한 상황에 시달리는지 의아해한다.

정신이 향하는 곳에 현실이 따라온다. 우리가 무언가를 자주 생각하면 그대로 현실이 된다는 뜻이다. 이 사실과 더불어, 창조주는 우리 모두에게 정신을 조절해서 원하는 방향으로 이끌 수 있는 절대적인 권리와 능력을 부여했다는 점을 기억해야 한다. 이렇게 생각하면, <u>우리가 살아가며 겪는 숱한 난관은 결국 자신의 정신을 제대로 다스리지 못하고 원하는 방향으로 이끌지 못한 결과</u>라는 것을 쉽게 이해할 수 있다.

두려움 자체가 두려움의 대상보다 해롭다

건강 염려증이란 <u>상상 속에만 존재하는</u> 질병을 의미한다! 건강 염려증은 의사와 치과 의사에게는 인류에게 알려진 어떤 실제 질병보다 더 큰 골칫거리라고 해도 과언이 아니다. 질병에 대한 두려움과 그와 밀접하게 연관된 육체적 고통에 대한 두려움은 타고난 마음의 상태이며, 이는 우리가 살면서 한 번쯤 겪는 일곱 가지 기본적 두려움 중 하니다.

몇 해 전 진행한 공개 강연에서, 나는 질병과 육체적 고통에 대한 타고난 두려움이 어떤 것인지를 적나라하게 보여주는 실험을 했다. 그 실험을 통해 완벽하게 건강한 사람도 단순한 암시만으로 심각한 증상을 보일 수 있다는 사실을 입증했다.

실험 방법은 아주 간단했다. 먼저 강연장 곳곳에 네 명의 조력자를 비밀리에 배치해두었다. 그리고 수강생 위원회의 허락을 얻어 청중 중에서 한 명을 '실험 대상자'로 몰래 선정했다. 쉬는 시간이 되자, 미리 짜놓은 각본대로 조력자들이 차례로 그 실험 대상자에게 다가가 질문을 하기 시작했다.

첫 번째 조력자가 다가가 "어디 몸이 아프신가요? 안색이 안 좋아 보여요."라고 말했다. 뒤이어 두 번째 조력자는 황급히 달려가 흥분된 목소리로 "저기, 얼굴에 핏기가 하나도 없네요! 물이라도 한 잔 가져다드릴까요?"라고 물었다. 잠시 후 세 번째 조력자도 나타나 "제가 도와드릴게요. 금방이라도 쓰러질 것 같아요."라고 하며, 주변 사람들에게 "여러분, 좀 도와주세요. 이분이 많이 아프신 것 같으니 누울 자리를 마련해드립시다."라고 덧붙였다.

실험 대상자가 그 시점까지 쓰러지지 않았더라도, 네 번째 조력자가 다가와 팔을 잡고 "빨리 의사를 불러주세요! 이 사람 당장 치료가 필요해요!"라고 외치고 나면 대개 정신을 잃고 쓰러지곤 했다.

나는 이 실험을 여러 번 진행했는데, 실험 대상자들은 예외 없이 일시적으로 몸이 안 좋아지는 반응을 보였다. 마지막 실험 대상자였던 서른 살 남성은 완전히 혼절하는 바람에 결국 병원 신세까지 져야 했다. 이 모든 것이 단순한 심리 실험이었다는 의사의 설명을 듣고 나서야 그는 안심할 수 있었다.

이 사건 이후로 나는 이런 종류의 실험을 더 이상 하지 않았다.

아프다는 생각이 잠재의식에 자리 잡으면, 그 생각은 즉시 확신으로 변해서 실제로 몸을 아프게 만든다. 건강 염려증 환자들은 별다른 이상이 없는데도 단순히 질병에 대한 두려움 때문에 발진, 배탈, 두통 등의 실제 육체 증상을 경험하곤 한다.

과거 오하이오 주립교도소 재소자들은 새로 들어온 죄수들을 대상으로 잔인한 장난을 치곤 했다. 재소자들이 위원회를 구성해 신입 수감자를 교도소 규칙 위반이라는 터무니없는 죄목으로 몰아세운 뒤 죽이겠다고 위협하는 장난이었다. 그들은 피해자의 눈을 가리고 손을 등 뒤로 묶은 다음, 머리를 양철통 위에 올려놓고 그가 움직이지 못하게 여러 명이 꽉 붙잡았다. 그런 상태에서 한 죄수가 "칼은 제대로 갈았나?"라고 물으면, 다른 죄수가 "그래, 지난번 그 자식 죽일 때 썼던 걸 방금 다시 갈아놨지. 자, 여기. 비명도 못 지르게 확실히 끝내버려."라고 말하는 식이었다.

이 의식이 끝나면, 누군가 빗으로 피해자의 목덜미를 대충 그어댄

뒤 재빨리 붉은 잉크를 목에 흘려 부었다. 그러고 나서 피해자의 손을 풀어주고 모두 다른 곳으로 도망쳐 숨었다. 보통 피해자는 제일 먼저 눈가리개를 벗고 자신의 목을 더듬었는데, 손에 묻은 '피' 때문에 자기 목이 진짜 잘린 줄로 착각하곤 했다.

한 번은 이런 장난을 당한 피해자가 너무 겁에 질린 나머지 자신이 살해당했다고 소리 지르며 날뛰기 시작했다. 결국, 그는 교도관에게 붙잡혀 제압된 후 병원으로 옮겨졌으며, 며칠이 지나서야 충격에서 회복할 수 있었다. 목이 멀쩡하다는 사실을 두 눈으로 확인했는데도 충격이 너무 컸던 탓이었다.

질병과 육체적 고통에 대한 두려움은 타고난 본능으로, 조금만 자극을 받아도 쉽게 드러나 우리를 지배한다. 하지만 두려움 자체가 두려워하는 대상보다 우리에게 훨씬 더 큰 고통을 주는 법이다. 대공황으로 인한 공포가 미국 전역을 휩쓸었을 당시, 프랭클린 D. 루스벨트는 그의 첫 취임 연설에서 "우리가 진정으로 두려워해야 할 것은 오직 '두려움' 그 자체."라고 말한 바 있다. 이 진리는 치과 치료에 대한 두려움에도 그대로 적용된다. 왜냐하면 현대 치과 치료법은 그 기술이 발전하여, 치료 과정에서 환자가 실제로 육체적 통증을 거의 느끼지 않게 되었지만, 단 한 곳만은 예외이기 때문이다. 바로 <u>치과 의자에 앉기도 전부터 스스로 만들어낸 마음 상태인 고통에 대한 두려움이 존재하는 환자의 뇌</u> 말이다.

잠재의식을 깨우고 활용하는 방법

잠재의식은 세 가지 원천으로부터 자극을 받는다. 첫째, 오감을 통해 우리에게 전달되는 모든 외부 자극이다. 여기에는 당연히 다른 사람의 말과 행동도 포함된다. 둘째, 다른 사람이 발산하는 생각을 텔레파시처럼 받아들여 우리에게 전달하는 육감이다. 셋째는 우리의 생각이다. 여기에는 목표나 계획, 욕구 등의 형태로 잠재의식에 의도적으로 전달되는 생각뿐 아니라, <u>**특별한 계획이나 목적 없이 그저 빠져드는 잡념까지 모두 포함된다.**</u>

사람들 대부분은 무심코 떠오르는 부정적 잡념에 사로잡혀 산다. 이런 생각은 잠재의식에 흡수되어 그대로 행동에 영향을 미치기 때문에 바람직하지 않은 상황을 만들어낸다. 잠재의식은 긍정적 생각과 부정적 생각을 구분하지 않는다. 어느 쪽이든 무차별적으로 빠르게 받아들이고 행동으로 옮길 뿐이다.

바로 이런 이유로 수많은 사람이 '실패자'의 굴레를 벗어나지 못한다. 그들의 생각 대부분은 실패에 관한 것이고, 잠재의식은 그 생각을 마치 정해진 순서처럼 현실로 끌어낸다.

바로 이것이 잠재의식의 강력한 힘이다. 잠재의식은 좋은 생각이든 나쁜 생각이든 그것을 받아들이는 순간 반드시 현실로 만들어낸다.

그렇기에 잠재의식을 우리 편으로 만드는 가장 확실한 방법은 **원하는 바를 명확하게 지시하는 것**이다.

잠재의식에 지시를 내릴 때는 반드시 지켜야 할 몇 가지 원칙이 있다.

- 잠재의식에 지시하려는 것을 명확하게 적고, 언제까지 이루고 싶은지 기한도 정해둔다. 이 문장을 외우고 하루에 수백 번씩 소리 내어 말하되, **특히 잠들기 직전**에 반복해서 읽는 것이 좋다.
- 문장을 반복할 때는, 잠재의식이 반드시 당신의 요구사항을 실현해줄 것이라 굳게 '믿어야' 한다. 그리고 **마치 그 요구사항이 이미 이루어진 것처럼 상상하라**. 또한, 요구사항이 이미 이루어진 것에 대해 **감사하는 마음으로** 문장을 마무리하라.
- 잠재의식에 지시사항을 되뇌기 전에, 먼저 자신이 원하는 바가 곧 이루어질 것이라는 확신을 마음속에 품고, 강렬한 열정과 기쁨으로 가득 찬 상태로 자신을 끌어올려라. 잠재의식은 긍정적이든 부정적이든 강렬한 감정 상태에서 표현된 생각에 거의 즉각적으로 반응하기 때문이다. 이 마지막 사항은 매우 중요하다. 다시 한번 읽고 깊이 생각해보기 바란다.

고통과 충격 앞에서 마음을 다스리는 방법

이제 치과 치료에 대비해 마음을 다스리는 방법을 구체적으로 알아보자. 이 방법은 약간만 응용하면 큰 수술이나 사랑하는 이의 죽음 같은 힘든 상황에 대처할 때도 적용할 수 있다. 그 방법은 다음과 같다.

1. 예정된 수술에 대비해 3일에서 7일 정도 금식을 실천한다. 이는 전체적인 육체 정화 과정으로, 담당 의사와 상의한 후에 진행하는 것이 바람직하다. 금식 시작 이틀 전부터는 신선한 과일과 과일 주스만 섭취하고, **담배와 커피**는 끊어야 한다. 이 기간에는 다소 신경이 예민해질 수 있지만, 그렇다고 포기해서는 안 된다. 이틀이 지나면 본격적인 금식에 들어간다. 이때는 물만 마실 수 있는데, 한 잔의 물에 레몬즙을 두세 방울 정도 넣어 마시면 좋다. 하루에 열두 잔 이상, 마실 수 있는 만큼 충분히 물을 섭취하는 것이 중요하다.

금식이 끝나면 천천히 단계적으로 식사량을 늘린다. 첫날은 기름기 없는 야채수프 한 그릇과 통밀빵이나 토스트 한 조각만 섭취하자. 둘째 날에는 야채수프 두 그릇과 빵 두 조각을 먹되, 오전과 오후에 나눠 먹는다. 셋째 날부터는 먹고 싶은 것을 먹어도 되지만 **과식은 절대 금물**이다. 반드시 천천히, 단계적으로 평소의 식습관으로 돌아가야 한다. 지금까지의 설명이 기본적인 방법이긴 하지만, 금식 기간을 포함한 모든 세부 사항은 <u>금식을 시작하기 전에 반드시 의사와 상의해야 한다</u>.

육체적 측면에서 금식의 목적은 위장을 비롯한 소화기관, 배설기관, 혈관 등 몸 전체에 휴식을 주는 것이다. 한편 정신적인 측면에서 금식의 목적은 **<u>당신이 식욕을 통제할 수 있음을 스스로 깨닫게 하는 것</u>**이다. 음식에 대한 욕구를 다스릴 수 있으면, 육체적 고통에 대한 두려움쯤은 자연스럽게 극복된다.

금식에는 또 다른 목적이 있는데, 바로 **<u>잠재의식과 더 쉽게 소통할 수 있는 상태로 정신을 조절하는 것</u>**이다. 금식 중에는 잠재의식이 주변의 모든 영향에 매우 민감하게 반응하기 때문에 부정적인 사람들과 만나거나 우울한 이야기를 주고받는 일은 피해야 한다.

2. 금식 첫날부터 잠든 시간을 제외하고 매시간 최소 한 번씩, 아래의 자기암시 문장을 잠재의식에 반복하여 전달하라.

- 나는 치과 의사 _____를 전적으로 신뢰합니다. 그의 실력과 성품, 그리고 치과 의사로서의 경험을 온전히 믿습니다.
- 치과 치료가 진행되는 동안, 나는 내가 삶에서 가장 간절히 원하는 것에만 생각을 집중해 정신을 치료와 완전히 분리할 것입니다. 내가 간절히 원하는 것은 바로 _____입니다.

- 이번 치과 치료는 내 얼굴을 더 빛나게 해줄 뿐만 아니라 내 건강을 위해서도 꼭 필요합니다. 그리고 이처럼 내가 원하는 것이니 이번 치료를 내 정신이 두려움을 이겨낼 수 있음을 스스로에게 증명하는 소중한 기회로 받아들이겠습니다.
- 이제 나는 잠재의식에 내가 표현한 모든 바람을 그대로 이뤄낼 것을 명령합니다. 그러므로 이번 치과 치료는 놀라운 경험이 될 것입니다. 이 경험을 통해 내 정신의 힘을 깨달을 것이고, 그 힘을 바탕으로 **앞으로의 삶은 더욱 즐겁고 풍요로워질 것입니다**.

단순하면서도 명쾌한 이 지침들은 당신의 삶을 완전히 바꿀 놀라운 길로 인도할 것이다. 당장 눈앞의 치과 치료도 전혀 불편함 없이 견뎌낼 수 있게 해줄 뿐만 아니라, 앞으로 겪을 모든 경험과 인간관계도 순탄하게 만들어줄 것이다.

앞서 언급했듯이, 금식 기간은 잠재의식에 지시를 내리기에 가장 효과적인 때이다. 금식 상태의 잠재의식은 마치 스펀지처럼 모든 영향을 빨아들인다. 당신이 의도적으로 심어주는 긍정적 생각은 물론, 방심하는 사이 스며드는 부정적 영향까지도 그대로 받아들이게 되니 특히 주의해야 한다.

이제 금식에 대해 좀 더 자세히 알아보자. 잠재의식에 지시를 내리는 최적의 방법이라는 점을 제외하고도, 금식은 다음과 같은 여러 이

점을 가져다준다.

1. 1년에 한두 번만이라도 정기적으로 금식을 하면 육체 전반의 기능이 향상되고 질병에 대한 저항력이 커진다.

2. 금식 기간은 몸에 밴 흡연 습관이나 커피나 술을 마시는 습관을 손쉽게 끊을 수 있는 절호의 기회다. 만약 당신이 습관적으로 담배를 피우거나 술을 마시는 사람이라도, 금식을 마친 뒤에 담배나 술을 다시 하려 한다면 마치 처음 배우는 것처럼 어색하고 낯설게 느껴질 것이다.

3. 금식은 영적인 힘과 깊이 연결되도록 해준다. 금식 중에 잠재의식에 내리는 지시가 매우 효과적이고 빠르게 작용하는 주된 이유가 바로 이 때문이다.

4. 금식은 신경쇠약이나 우울증을 겪으며 상상 속 질병으로 고통받는 사람들에게 특히 효과적이다. 물론 이때는 신뢰할 수 있는 의사의 지도가 반드시 필요하다. 금식은 결코 가볍게 행할 일이 아니므로, 의사의 지시 없이 함부로 시도해서는 안 된다. 주목할 만한 점은 현대 의학의 여러 치료 분야에서 금식의 놀라운 치유력을 인정하고, 다양한 육체적 질병 치료에 성공적으로 활용하고 있다는 사실이다.

5. 내가 여기서 설명한 지침들을 따르고, 금식 중에 잠재의식에 지시를 내리는 데 집중한다면 금식은 그리 어렵지 않을 것이다. 금식을 권장하는 주된 이유 중 하나는 금식이 잠재의식으로 향하는 문을 활

짝 열어주기 때문이다. 이 시간 동안에는 어떤 지시라도 잠재의식에 깊숙이 새겨넣을 수 있다.

6. 지금까지 자발적으로 금식을 해본 적이 없다면, 이 기회에 한번 시작해보라. 인생을 뒤흔들 특별한 보상이 주어질 것이다. 처음 이틀 정도는 조금 긴장되고 불안할 수 있다. 특히 술이나 커피를 즐기던 사람이라면 더욱 그럴 것이다. 하지만 그 이후부터는 전에 없던 특별한 경험을 하게 될 것이다. 무엇보다 식욕을 완벽히 다스릴 수 있다는 사실은 놀라운 자신감이 되어, 이를 발판 삼아 가난도, 실패도, 좌절도, 그 어떤 두려움까지도 이겨낼 수 있는 내면의 힘을 키울 수 있다.

이 정도의 가능성이라면 금식에 도전할 만하지 않은가?

7. 금식하는 동안에는 정신이 맑아지면서 어린 시절의 기억이 생생하게 떠오를 가능성이 있다. 그리고 이전에는 한 번도 느껴보지 못했던 특별한 자신감이 차오르는 경험을 할 수도 있다.

몇 년 전 베르나르 맥패든Bernarr Macfadden(미국의 건강 운동가이자 저술가로, '피트니스의 아버지'로 불리며 건강한 생활 방식을 대중화한 인물.—옮긴이)과 함께 일할 당시 나는 독감에 걸렸었다. 다 나은 것 같다가도 2주 간격으로 가벼운 증상이 계속 되풀이됐다. 이 이야기를 맥패든에게 했더니, 그가 대뜸 "금식을 해서 독감 바이러스를 죽여버리세요. 왜 계속 독감 바이러스에게 먹이를 주고 있는 겁니까?"라고 말하는 게

아닌가!

그는 곧바로 내게 금식 방법을 알려주었다. 내가 여기서 설명한 그대로 7일 동안 금식했더니 독감이 흔적도 없이 사라졌다. 더 중요한 것은, 이 경험을 통해 몸 관리법을 배웠고, 그 후로 지금까지 꾸준히 실천해오고 있다는 점이다. 이 방법 덕분에 나는 독감은 물론 흔한 감기에도 걸리지 않을 만큼 면역력이 좋다.

나는 아내와 함께 최소 1년에 한 번씩 금식을 실천한다. 금식을 마치 즐거운 게임처럼 여기며 하다 보니 힘들거나 불편하지 않다. 이처럼 긍정적 마음가짐으로 둘 이상이 함께 금식하면 혼자서 할 때보다 훨씬 큰 효과를 거둘 수 있다.

치과 치료나 수술을 앞두고 있다면 적어도 수술 2주 전에 금식을 끝내야 한다. 금식이 끝난 후에는, 철저한 검사를 통해 혈액, 소변, 심장 상태가 모두 양호한지 확인해야 한다. 때에 따라 금식 후에 비타민 같은 영양 보충제가 필요할 수도 있는데, 이때 개인 판단으로 구매하지 말고 **반드시 의사의 처방에 따라야 한다**. 특히 틀니를 하기 위해 전체 발치를 한 경우 잇몸이 잘 회복되지 않을 수 있는데, 이럴 때 치과 의사는 보통 비타민 형태의 영양 보충제를 처방한다.

한 가지 더 주의할 점은 금식할 때 격렬한 육체 활동은 피해야 한다는 것이다. 가벼운 집안일이나 사무 업무 정도는 계속할 수 있지만, 체력 소모가 큰 활동은 삼가야 한다.

금식에 관한 책은 공공도서관에서 쉽게 찾아볼 수 있을 만큼 다양하다. 그중에서도 내가 특별히 추천하고 싶은 책은 베르나르 맥패든의 『금식하는 법 How To Fast』이다.

맥패든은 몇 년 전에 금식을 하면서 육체적 고통을 이겨내는 놀라운 정신력을 길러냈다. 그 결과 그는 치과에서 마취 없이도 치아를 뽑을 수 있는 수준이 되었다. 물론 이는 정신력으로 고통을 이겨낼 수 있다는 것을 보여주는 좋은 사례지만, 나는 개인적으로 발치나 중대한 수술을 할 때는 마취를 하는 것이 바람직하다고 생각한다.

여기서 설명한 방법은 치과 수술을 위해 정신 단련을 할 때뿐만 아니라 가난을 극복하고 물질적 풍요를 얻기 위해서도 똑같이 적용할 수 있다. 단지 당신이 바라는 목표에 맞춰 의지를 다지는 말을 바꾸기만 하면 된다.

정신의 힘에는 한계가 없다. 그 한계는 우리 스스로 정하거나 외부의 영향으로 만들어질 뿐이다.

기억하자! 정신이 **상상하고 믿는다면**, 그 어떤 것이라도 **이루어진다!**

위 문장에서 강조한 세 가지 핵심 단어, '상상하다 conceive', '믿다 believe', '이루다 achieve'를 잘 새겨두자. 이 단어가 이 책의 모든 내용을 함축하고 있다.

여기서 소개한 정신 단련법이 효과를 보려면 무엇보다 당신의 마음가짐이 중요하다. 좋은 결과가 있을 거라고 '믿는다면', 반드시 그렇게 될 것이다.

이 책에 제시된 자기암시 문장을 사용해서 잠재의식에 명확한 지시를 내릴 때는 그 문장을 <u>기도문 형태로 반복해서 읽어보라</u>. 그러면 당신의 종교적 '믿음'이 가진 강력한 힘이 자기암시 문장을 뒷받침해서 성공으로 가는 길이 더욱 빨라질 것이다.

'믿음'이라는 단어는 이성이 허용하는 범위 안에서는 그 어떤 한계도 없는 특별한 힘을 상징한다. 어떤 분야에서든 주목할 만한 성공을 거둔 사람들을 찾아보면 그 영향력의 증거를 찾을 수 있다.

토머스 에디슨은 백열전구를 완벽하게 만들어낼 수 있다고 굳게 '믿었다'. 그 믿음 하나로, 그는 만 번의 실패를 견딜 수 있었고, 마침내 그토록 찾아 헤맨 답을 얻었다.

굴리엘모 마르코니Guglielmo Marconi는 전선 없이도 소리의 진동을 전달할 수 있다고 '믿었다'. 이런 믿음이 있었던 까닭에 그는 거듭된 실패를 이겨내며 끝내 성공을 거두어 세계 최초의 무선 통신 수단을 인류에게 선사했다.

크리스토퍼 콜럼버스Christopher Columbus는 대서양 미지의 해역에서 새로운 땅을 발견할 수 있을 거라고 굳게 '믿었다'.

슈만 하잉크Schumann-Heink도 마찬가지였다. 성악 선생은 그녀에게 재봉틀이나 돌리며 평범하게 살라고 조언했지만, 그녀에게는 위대한 오페라 가수가 될 수 있다는 강한 '믿음'이 있었다. 결국, 그 흔들리지 않는 '믿음'이 그녀에게 성공을 안겨주었다.

헬렌 켈러는 시력과 청력, 말하는 능력까지 잃었지만, 다시 말하는 법을 배울 수 있다는 '믿음'을 잃지 않았다. 그 '믿음' 덕분에 그녀는 다시 말을 할 수 있게 됐고, 육체적 장애로 절망에 빠진 수많은 사람에게 희망의 등불이 되어주었다.

헨리 포드는 누구나 저렴한 가격에 살 수 있고 마차보다 빠르게 움직이는 이동수단을 만들 수 있을 거라고 '믿었다'. 세상 사람들은 그를 의심하며 '미치광이'라 손가락질했지만, 그의 '믿음'이 만들어낸 자동차가 대성공을 거두어 전 세계에 보급되면서 포드는 엄청난 부를 손에 넣었다.

마리 퀴리는 라듐이라는 금속이 존재한다고 '믿었다'. 아무도 본 적 없고 어디서 찾아야 할지도 모르는 미지의 물질이었지만, 그녀는 라듐의 근원을 찾는 일을 자신의 사명으로 여겼다. 그리고 그녀의 '믿음'은 마침내 그 귀한 금속의 근원을 밝혀냈다.

내 아들이 귀 없이 태어났을 때, 담당 의사는 아이가 평생 듣지 못할 거라고 말했다. 하지만 나는 자연이 정해놓은 운명을 바꾸어 아들이 들을 수 있는 다른 방법을 찾아낼 수 있을 거라고 '믿었다'. 나는 아들의 잠재의식에 믿음을 심어주려 노력했고, 마침내 아들의 청력이 정상 청력의 65%까지 회복되는 기적을 경험했다.

틀니를 해야 해서 치아를 남김없이 뽑아야 하는 순간이 왔을 때, 나는 조금의 불편함도 없이 수술을 견뎌낼 수 있다고 '믿었다'. **아니, 그 이상으로 확신했다!** 정신의 힘으로 육체의 고통과 삶의 온갖 불편한 상황을 이겨내는 사례를 수없이 봐왔기 때문에 '확신했다'. 또한, '믿음'이 있으면 내 앞을 가로막는 그 어떤 걸림돌도 밀어내고 스스로 쌓아 올린 한계의 벽마저 무너뜨릴 수 있다는 것을 경험으로 터득했기 때문에 '확신했다.'

오직 인간만이 자신의 마음을 자유자재로 다스리고 원하는 방향으로 이끌어갈 수 있는 절대적인 특권을 부여받았다. 이는 인간이 깨달은 가장 위대한 진리가 아닐 수 없다! 다른 모든 생명체는 바꿀 수도, 뛰어넘을 수도 없는 '본능'의 틀에 갇혀 태어난 채로 살아간다. 하지만 이와 구별되는 인간의 특권은 우리가 이 땅에서의 운명을 스스로 개척할 수 있는 열쇠를 쥐고 있음을 말해준다. 이 특권을 간과하거나 제대로 활용하지 못하면, 우리는 반드시 그 대가를 치른다. 불행, 가난, 실패, 좌절, 질병, 절망과 같은 암울한 상태가 가차 없이 우리를 옭아매는 것이다. **하지만 우리는 안다. 이 위대한 특권을 온전히 받아들이고 제대로 활용한다면 비로소 자신의 운명을 개척할 수 있는 황금 열쇠를 손에 쥐게 된다는 진리를.**

모든 기적을 뛰어넘는 궁극의 기적이 있다. 그것은 바로 '정신을 완벽하게 지배하고, 원하는 어떤 목표든 성공적으로 이루어낼 수 있는 절대적인 힘이 우리에게 있다'는 사실이다.

그리고 자기 정신을 주도할 수 있는 인간의 위대한 특권만큼이나 놀라운 기적이 또 하나 있다. 바로 이 특권을 무한대로 확장할 힘의 원천이 우리에게 주어졌다는 사실이다. 이 두 번째 기적이 바로 잠재의식이다. 잠재의식을 통해 우리는 무한한 지혜에 접속해 그 원대한 힘을 우리 것으로 만들 수 있다.

잠재의식을 통해 무한한 지혜의 힘을 끌어오는 방법은 간단하다. 당신이 바라는 것이나 이루고자 하는 목표를 의식적으로 계속 떠올리고, 강한 감정을 담아 소리 내어 표현하면 된다. 그러면 잠재의식은 이를 받아들여 적절하게 활용하기 시작한다. 다만 한 가지, '잠재의식은 명확하게 전달되지 않은 생각이나 계획, 목표에는 절대 반응하지 않는다'는 점을 잊지 말아야 한다.

바로 이 문장에서 왜 많은 사람이 잠재의식을 통해 원하는 결과를 얻지 못하는지에 대한 결정적 실마리를 찾을 수 있을 것이다. 아울러 대다수가 성공보다는 실패를 겪는 주된 이유도 짐작할 수 있을 것이다.

잠재의식에 지시를 내릴 때는 구체적이고, 명확하게 당신이 바라는 바를 전달해야 한다. 여기에 반드시 이루어진다는 강한 믿음을 더해라. 그러면 절대 후회하지 않을 결과를 얻을 수 있을 것이다. <u>이렇게만 한다면, 우주를 움직이는 거대한 힘이 당신 뜻대로 움직이기 시작할 것이다!</u>

옮긴이 **최지숙**
한국외국어대학교를 졸업하고 뉴욕대학교에서 TESOL 석사학위를 받았다. 영어책을 만드는 편집자로 일하다가 현재는 바른번역 소속 번역가로 활동하고 있다. 옮긴 책으로는 『우주전쟁 2.0』, 『밤이 길었던 날』, 『인피니트』, 『왜 나는 쓸데없는 일에만 집중할까』 등이 있다.

아포리아 09

나폴레온 힐 기적은 당신 안에 있다

1판 1쇄 인쇄 2025년 7월 30일
1판 1쇄 발행 2025년 8월 27일

지은이 나폴레온 힐
옮긴이 최지숙
펴낸이 김영곤
펴낸곳 (주)북이십일 21세기북스

정보개발팀장 이리현 **정보개발팀** 이수정 김민혜 현미나 이지윤 양지원
외주편집 신혜진 **디자인 표지 본문** STUDIO 보글 **조판** 푸른나무디자인
마케팅 김설아
영업팀 정지은 한충희 장철용 강경남 황성진 김도연 이민재
해외기획실 최연순 소은선 홍희정
제작팀 이영민 권경민

출판등록 2000년 5월 6일 제406-2003-061호
주소 (10881) 경기도 파주시 회동길 201(문발동)
대표전화 031-955-2100 **팩스** 031-955-2151 **이메일** book21@book21.co.kr

ⓒ 나폴레온 힐, 2025
ISBN 979-11-7357-429-0 04190
       979-11-7357-428-3 04190(세트)
KI신서 13719

(주)북이십일 경계를 허무는 콘텐츠 리더

21세기북스 채널에서 도서 정보와 다양한 영상자료, 이벤트를 만나세요!
페이스북 facebook.com/21cbooks   블로그 blog.naver.com/21c_editors
인스타그램 instagram.com/jiinpill21 홈페이지 www.book21.com 유튜브 youtube.com/book21pub

책값은 뒤표지에 있습니다.
이 책 내용의 일부 또는 전부를 재사용하려면 반드시 (주)북이십일의 동의를 얻어야 합니다.
잘못 만들어진 책은 구입하신 서점에서 교환해드립니다.

일상에서 마주친 사유의 정거장

아포리아는 '해결하기 어려운 난제'를 뜻하는 그리스어로, 사유의 지평을 넓혀줄 '새로운 클래식'입니다. 지금까지와는 다른 삶 속으로 나아갈 우리가 탐구해야 할 지식과 지혜를 펴냅니다.

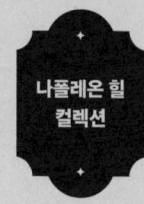

나폴레온 힐 컬렉션

01 나폴레온 힐 기적은 당신 안에 있다
내 안의 무한한 힘을 깨우는 13가지 지혜

"당신의 운명을 결정하는 것은 당신의 생각뿐이다"
두려움과 한계를 뛰어넘는 사고의 전환법을 담은 자기계발 필독서
나폴레온 힐 지음, 최지숙 옮김 | 256쪽(양장) | 20,000원

02 나폴레온 힐 90일 자기 경영
인생의 주도권을 잡고 매일 성취하라

"끝까지 해낸 사람들은 무엇이 다를까?"
성공을 자석처럼 끌어당기는 90일 프로그램
돈 그린·나폴레온 힐 재단 지음, 도지영 옮김 | 432쪽(양장) | 25,000원

03 나폴레온 힐 부의 법칙
세계 단 1%만 아는 부를 축적하는 13가지 법칙

"강렬히 열망하는 자만이 부를 얻는다!"
20세기 최고의 자기계발 유산. 수많은 억만장자와 역사가 증명한 부의 바이블
나폴레온 힐 지음, 이미숙 옮김 | 320쪽(양장) | 22,000원

04 나폴레온 힐 성공의 법칙 1
성공의 무한한 잠재력을 깨우는 15가지 법칙

"오직 확신하는 자가 성공을 이룬다!"
세기의 부를 이룬 앤드루 카네기부터 존 록펠러까지 25년간 집대성한 위대한 성공학 바이블 1편
나폴레온 힐 지음, 박선령 옮김 | 448쪽(양장) | 25,000원

05 나폴레온 힐 성공의 법칙 2
성공의 무한한 잠재력을 깨우는 15가지 법칙

"100년간 증명된 성공의 황금률을 만나라!"
앤드루 카네기의 유산에서 시작된 25년간 집대성한 위대한 성공학 바이블 2편
나폴레온 힐 지음, 김보미 옮김 | 384쪽(양장) | 23,000원